母子鐵道迷

的旅行日誌

母子鉄道ファンの 旅行日記

周筱濚／著

　　這是一本許下願望⋯⋯就會成真的旅遊書。我是一位居住在埼玉縣川越市10年以上的媽媽。兒子是開啟我另一扇窗的貴人，因為他熱愛鐵道電車的興趣，讓我從鐵道素人（現在還是素人）慢慢理解及摸索鐵道世界的文化。

　　自從來日本當了留學生，到上班，甚至連日常的生活都需要搭電車通勤，電車成了代步方便工具，不記得車型，也不記得車輛名稱等等。只關心著會不會遲到，有沒有位子坐，甚至無腦地站在桿子旁邊只求為了補眠而已。

　　當兒子進入1～2歲左右，他熱愛電車的興趣顯現出來，從一開始日本埼玉縣川越住家旁的鐵道，我們常常從4樓陽台望著下面欣賞東武東上線及川越線、副都心線的奔馳，最有印象的是，某日夏夜，母子倆還搬了小板凳，坐在陽台前邊賞鐵道夜景，邊欣賞天上的星星及月亮。

　　然後兒子快2歲半時，與我的好姐妹去了河口湖富士山之旅後，讓我開始想要一個人帶著兒子走遍日本，甚至全世界的鐵道旅行。開始在FB粉絲頁紀錄鐵道旅行，然後展開無數個旅程。

　　在鐵道旅行中，我們享受探險的樂趣，慢慢地搭上新幹線、電車等，慢慢地在月台與電車及車長說「Bye Bye」，慢慢地邊欣賞車輛邊離開月台，慢慢地抵達飯店，慢慢地在當地享受風景文化，慢慢地享受著兩人母子時光。從東京近郊慢慢移動至北海道，甚至兩人遊四國一圈，以及遠至夏威夷搭乘美國小火車旅行，全部都是我們的慢步調。

　　兒子在旅行中成長，因為熱愛電車，所以搭乘3小時也不會累，媽媽也不會累，因為都是自己想搭乘的夢想列車。兒子記得幾乎所有搭過電車、新幹線的名字，我們還是不停地在冒險中。

▲小田急浪漫號

▲新幹線N700A希望號，兒
子八個月，第一次搭乘新幹線
(2015.3.23)

　　這次終於有時間整理書籍，因為兒子已經滿五歲了，日本的小男孩滿五歲要進行傳統「七五三」儀式，祈求平安順利長大。

　　所以為了讓兒子五歲有個非常值得紀念價值的事物，我選擇出這本書獻給他。希望長大後的他，不管遇到什麼事情，都可以翻開這本書，把自己回歸到最原始的自己，在「願望及目標」那篇寫下自己的願望，重新整理自己後再出發。兒子與媽媽倆人一起探險的心，單單純純地保留起來，作為他的守護神。

　　而這本書在育兒方面來說，以媽媽身分是一場大突破。除了鐵道文化傳播之外，如何與兒子培養默契，育兒經驗分享，以「日誌」的方式紀錄鐵道旅行，拉近母子之間的親情，以珍藏保留。

　　我附了一張「鐵道旅行時間表」，讀者可以參考幾歲小孩可以去哪些地方旅行，從2～5歲真的走遍日本各處，第一本書以第一次母子倆踏上離東京很有距離的岡山、廣島、四國鐵道一周遊，以及鳥取砂丘、鬼太郎列車聞名的山陰地區、冬季雪景秋田新幹線之旅及我居住10年以上的川越特集。此外，書中也有附上可搭乘蒸汽火車好地方及

▲新幹線500型回聲號

日本鐵道迷必訪的景點、博物館及各種展覽等等，是一本親子鐵道旅遊的導覽好書。

母子倆鐵道旅行之鐵道補給公式：

1、到月台以興奮心情等待電車到來，並欣賞周圍的電車。

2、抓緊時間就與車頭拍照留念（兒子幾乎都是坐在娃娃車拍照，以免跌落月台）。

3、進了車廂後快速找尋自己座位，兒子就坐，我趕緊把大小行李掛好收好，娃娃車要看現場狀況，最後一排座位後面可以放置娃娃車的話就放那裡，或是腳下位置很大就放腳下。行李永遠只有一袋跟一個背包，以及一台娃娃車。

4、當列車關上門出發時刻，兩人開心地東看西看車廂造型氛圍等，再拍下兩人的大頭照作為紀錄，盡可能留下票根當紀念。

6

▲成田特快

▲日本最初的「上野懸垂線」，兒子第一次搭乘的紀念照

5、長時間的話，我們就大睡特睡，睡不著就望著窗外欣賞景色。

6、永遠沒有坐過站，因為在旅行途中，我的睡眠機制是耳朵半開狀態，聽抵達哪一站，然後準確地在目的地下車。

7、最後跟電車道別，辛苦它了，也辛苦車掌了。然後拿著相機拍下電車奔馳的那一刻，並與電車及車掌揮手道別。

您準備好要許下自己想去哪裡的願望嗎？有什麼景緻或鐵道是您想體驗的嗎？可以馬上拿起筆在許願的那一頁寫下，或是邊閱讀邊想，有想到再寫也不遲。假如這本書能獲得您的共鳴，歡迎加入我的「鐵道母子旅遊日誌」粉絲頁（https://www.facebook.com/Vworld823/）。

我想鼓勵單獨帶著孩子去旅行的媽媽爸爸，一個人帶孩子去旅行真的需要有冒險精神及強壯的心臟應付各種狀況，所以旅行平安是我最注重的。旅行前與寺廟或神祈求旅途平安後再上路，比較有保障，抵達目的地，遇到當地神社，還是會向神明祈禱「旅途平安快樂順利」，俗稱「拜碼頭」。

另外在鐵道迷世界，我還是素人而已，但附上許多鐵道之旅的照片及文字紀錄，希望與鐵道迷一起分享鐵道旅行的經驗及文化交流。

　　默默地付出，希望有天台灣的台鐵、高鐵、捷運或日本的鐵道公司有看見我在呼喚他們，可以有機會與他們合作，可以更加了解鐵道世界的知識及文化經濟發展等，也希望未來更可以延伸鐵道路線至地球的各處。

　　寫這個序時，我又找回了我自己，這真的是一本有魔力的鐵道旅遊日誌書。您也來許下自己的心願吧！

　　祝福每個人：美夢成真、心想事成、旅途平安快樂。

▲名古屋地下鐵特急

願望與目標

當你翻開這本書⋯⋯你的願望就開始實現。

第一次最有印象的是，帶著兒子從東京坐著新幹線，風塵僕僕來到四國岡山及廣島，搭乘兒子最想坐的麵包超人列車，淋著雨爬了785階梯抵達金刀比羅宮，此刻，我佩服兒子才2歲，小小的身軀努力地爬階梯，途中當然有我抱著，但不多，幾乎百分之九十是他自己爬的。我從小孩身上看到希望，看到甚麼是堅持，看到2歲孩子的毅力比大人還要堅定，我也實現了自己想拜訪的嚴島神社，也定下從此之後帶著兒子到處鐵道旅遊的基礎。

所以每次看到電視節目介紹鐵道旅遊，或在書上看到想去的地方，想歸想，不如起身而做，用著自己的腳步去實踐，願望就會一一實現。不要羨慕人家，而是在羨慕的時間裡就去實行自己的計劃。人生怎樣滿足我也無法定義，目前我的大目標就是出了這本書當作給兒子及自己這幾年享受鐵道旅行的紀念，也實現自己一直想出一本屬於自己的書。

讀到這裡，希望你提筆在此寫下自己的願望，然後執行自己的計劃，等真的實現的那一瞬間，是多麼地喜悅無比。誠心誠意祝福您～美夢成真！

願望與目標

母子鐵道旅遊時間表

PART 1 2015/12/05～2017/01/01（兒子為1歲4個月至2歲半）

母子鐵道旅遊時間表

11

PART 2 2017/01/26～2017/12/25（兒子為2歲半至3歲4個月）

2.15 20170503川越和服巡禮（着物で川越散策）

2.16 20170505 Plarail展覽會（プラレール博in幕張メッセ国際展示場）

2.17 20170508特急列車梓號，富士急湯瑪士號，富士山河口湖2天1夜之旅（あずさ号，富士急トーマス列車〜富士山河口湖1泊）

2.18 20170604秩父蒸汽火車之旅，秩父神社，秩父祭典會館（秩父SL日帰り，秩父神社，秩父まつり会館，祭の湯）

2.19 20170611地下鐵博物館（地下鉄博物館）

2.20 20170625〜0627麵包超人跨海列車，香川金比羅宮，岡山倉敷，宮島嚴島神社3天2夜（アンパンマン列車，香川，岡山，宮島2泊）

2.21 20170703多摩川單軌列車，多摩動物公園，京王rail land（多摩川モノレール，多摩動物公園，京王れーるランド）

2.22 20170706川越散步蓮馨寺，藏之街，川越祭典會館，熊野神社（川越散策〜蓮馨寺，蔵の街，時の鐘，川越祭り会館，熊野神社）

2.23 20170709東武博物館（東武博物館）

2.24 20170709〜20170710鴨川海洋世界2天1夜（鴨川シーワールド1泊）

2.25 20170714上野科博館，上野動物園1日遊（上野科学博物館，上野動物園）

2.26 20170716川越冰川神社風鈴季（縁結び風鈴〜川越氷川神社）

2.27 20170720鐵道鑑賞日暮里站的「下御隱殿橋」，六本木哆啦A夢巡禮（鉄道鑑賞〜下御隠殿橋，六本木ドラえもん）

2.28 20170722小川町七夕煙火祭典（小川町七夕祭り，花火大会）

2.29 20170724大宮鐵道博物館（大宮鉄道博物館）

2.30 20170730川越百萬燈夏季祭典（川越百万灯夏祭り）

2.31 20170731名古屋鐵道館，熱田神宮，Midland square 夜景2天1夜（名古屋リニア鉄道館，熱田神宮，ミッドランドスクエア夜景1泊）

2.32　20170805川越區域性納涼夏季祭典（川越市富士見町納涼祭り）

2.33　20170806八月生日慶祝Skytree 天望迴廊湯瑪士小火車特展（スカイツリー天望回廊～きかんしゃトーマス展示会誕生日記念撮影）

2.34　20170809兒子滿3歲慶生，橫濱搭乘Royal wing（息子3歳誕生日～「Royalwing ロイヤルウイング」，横浜港大さん橋国際客船ターミナル）

2.35　20170812川越複合式行政大樓表演廳及超市（川越ウニクス）

2.36　20170814 2017 年TOMICA 展，皮卡丘大量發生在橫濱，橫濱夜景（2017年トミカ博 in横浜，ピカチュウ大量発生横浜，横浜夜景）

2.37　20170822西門町（西門町）

2.38　20170824三峽，鶯歌車站，鶯歌陶瓷老街（三峽，台北鶯歌駅，鶯歌陶器町）

2.39　20170825台北車站（台北駅）

2.40　20170901東京清瀨賞向日葵（清瀬のひまわり）

2.41　20170903特急列車常陸號，國營常陸海濱公園（スーパーひたち，国営ひたち海浜公園）

2.42　20170908～0909群馬水上溫泉，谷川岳纜車，蒸汽火車之旅（みなかみ号，水上温泉，谷川岳ロープウェイ1泊）

2.43　20170919川越喜多院（川越喜多院）

2.44　20170920藤子不二雄博物館（川崎市 藤子不二雄ミュージアム）

2.45　20170921西武鐵道&台灣鐵路管理局合作的電車鑑賞（西武鉄道・台湾電車鑑賞）

2.46　20170923空中游泳的企鵝～池袋Sunshine 水族館（サンシャイン水族館）

2.47 20170929大宮COCOON CITY BorneLund 遊樂世界（大宮コクーンシティ〜ボーネルンド 遊びの世界）

2.48 20171006〜1007現美新幹線，新潟，湯澤高原2天1夜之旅（現美新幹線，新潟，湯沢高原1泊）

2.49 20171014川越一年一度大祭典（川越10月祭り）

2.50 20171018東急世田谷線，招財貓之寺廟〜豪德寺（招き猫旅〜招き猫世田谷線，招き猫の豪德寺）

2.51 20171024萬世橋餐廳鐵道鑑賞，搭乘新銀座線欣賞淺草寺夜景（万世橋駅レストラン鉄道鑑賞，ニュー銀座線浅草寺夜景）

2.52 20171027 SL 大樹蒸汽火車之日光鬼怒川1日遊（日光霧降の滝，会津鉄道，鬼怒川温泉，SL 大樹日帰り）

2.53 20171103橫濱麵包超人博物館之聖誕節版，搭乘sea Bass（クリスマスアンパンマンミュージアム横浜）

2.54 20171105飛鳥山公園與都電荒川線1日遊（飛鳥山公園，都電荒川線）

2.55 20171107所澤航空公園（所沢航空公園）

2.56 20171109表参道，澀谷聖誕節燈飾（表参道，渋谷イルミネーション）

2.57 20171119光之丘公園賞銀杏，東京都廳夜景，新宿聖誕夜景（光が丘公園，新宿夜景）

2.58 20171123〜1125琵琶湖三分之二圈之旅〜白鬚神社，坂本纜車延曆寺，長濱鐵道館，長濱城，彥根城玄宮園賞夜楓（琵琶湖2泊）

2.59 20171202國營昭和記念公園之聖誕節點燈（国営昭和記念公園イルミネーション）

2.60 20171206TOMAS TOWN 新三鄉湯瑪士小火車之城（トーマスタウン）

PART 3 2018/01/03〜2018/12/29（兒子為3歲半至4歲4個月）

3.13 20180323新宿御苑賞櫻，「君の名は」電影《你的名字》須賀神社（新宿御苑花見，須賀神社）

3.14 20180325旧古河庭園，六義園賞櫻（旧古河庭園，六義園花見）

3.15 20180328～0331四國鐵道一周遊（四国周遊フリーきっぷ3泊）

3.16 20180404川越新河岸川賞花（川越新河岸川の桜並木）

3.17 20180415青梅鐵道公園（青梅鉄道公園）

3.18 20180428國營武藏丘陵森林公園（国営武藏丘陵森林公園）

3.19 20180502 2018年Plarail展覽會（2018 年プラレール博in Tokyo 池袋 サンシャインシティ Sunshine City）

3.20 20180504上野銀座線車庫，Skytree鯉魚旗（上野検車区銀座線，東京スカイツリー鯉のぼり）

3.21 20180506新橫濱拉麵博物館（安藤百福あんどうももふく 発明記念館 橫浜）

3.22 20180523東照宮，勝願寺（鴻巣御殿跡～日本一小さい東照宮入口，勝願寺）

3.23 20180524東武鐵道川越工場（東武鉄道川越工場）

3.24 20180525～0526日本三名泉～草津溫泉旅（草津溫泉1泊）

3.25 20180531竹下通，來自台灣阿里山的大鳥居明治神宮（竹下通，明治神宮）

3.26 20180602西武鐵道工廠參觀（西武・電車フェスタ2018 In 武藏丘車両検修場）

3.27 20180610品川水族館（マクセル アクアパーク品川水族館）

3.28 20180618電車及巴士博物館（電車とバスの博物館）

3.29 20180703MARUZEN & JUNKUDO書店（丸善ジュンク堂書店）

3.30 20180708大宮鐵道博物館（大宮鉄道博物館）

3.31 20180715風鈴季～川越冰川神社（縁むすび風鈴～川越氷川神社）

3.32　20180728台南奇美博物館，ハヤシ百貨店(台南奇美博物館，ハヤシデパート)

3.33　20180813淡水海關碼頭（淡水海關碼頭）

3.34　20180817新太魯閣Hello Kitty 彩繪列車「南港～板橋」（新太魯閣号Hello Kitty）

3.35　20180820高雄捷運環狀輕軌，哈瑪星台灣鐵道館＊哈瑪星鐵道文化園區，美麗島站（高雄～台湾鉄道博物館）

3.36　20180821草間彌生南瓜～農委會屏東農業生物科技園區（草間彌生のかぼちゃ）

3.37　20180825漁人碼頭（漁人碼頭）

3.38　20180830～0903京阪神～親子5天4夜鐵道之旅（京阪神4泊）

3.39　20181119～1122新加坡親子4天3夜半自助之旅（シンガポール3泊）

3.40　20181207～1208岐阜大垣公園（岐阜大垣公園）

3.41　20181210神宮外苑銀杏（神宮外苑のイチョウ並木）

3.42　20181213東京迪士尼聖誕節（東京ディズニーランドクリスマス）

3.43　20181214TeamLab Planets Tokyo DMMcom（チームラボ プラネッツ TOKYO）

3.44　20181216 東京聖誕節裝飾～原宿表參道 Hills，東京新景點 Tokyo midtown Hibiya 哥吉拉像，銀座（東京イルミネーション）

3.45　20181220～1221LOVE小町新幹線雪季秋田（雪の秋田～LOVEこまち新幹線，乳頭溫泉，田澤湖，角館武家屋敷）

3.46　20181222西武鐵道聖誕特別活動（西武鉄道クリスマスイベント）

3.47　20181224上野動物園～大象與貓熊寶寶香香（1歲半）（上野動物園～パンダ赤ちゃん）

3.48　20181226機動戰士鋼彈UC，台場自由女神像彩虹橋夜景，富士電視台（お台場ユニコーンガンダム立像）

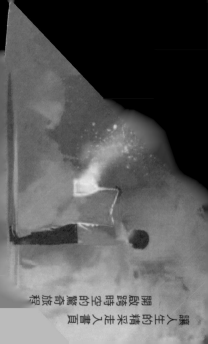

讓人生的精彩從走入書頁的那時空的驚奇旅程

像你自己開的出版社

4.16 20190419嚕嚕米公園（ムーミンバレーパーク）

4.17 20190428台北象山公園（台北象山公園）

4.18 20190516文湖線輕軌捷運隧道體驗至臺北市動物園（台北動物園）

4.19 20190520東京地下鐵24小時車票東京觀光（東京メトロ一日乗車券～大手町駅，浅草駅，銀座駅，東京駅，西葛西駅）

4.20 20190521千葉Lalaport Tokyo-bay（千葉ららぽーとTOKYO-BAY）

4.21 20190522船橋安徒生公園，千葉單軌電車（ふなばしアンデルセン公園，千葉モノレール）

4.22 20190523Disney Resort Line，Ikspiari mall，Tokyo Bay Tokyu Hotel（ディズニーリゾートライン，イクスピアリ，東京ベイ東急ホテル）

4.23 20190524Disneyland Easter events 迪士尼之復活節（ディズニーランドイースター）

4.24 20190716～0720鳥取鬼太郎列車，足立美術館，鳥取砂丘（鳥取4泊）

4.25 20190723京急電鐵下町日和一日券～上野商店街，Skytree晴空塔，青砥月台賞葛飾花火大會（京急下町一日乗車券）

▲兒子戴著車掌帽子，與小玉貓電車合照　　▲和歌山著名小玉電車內

目錄
CONTENTS

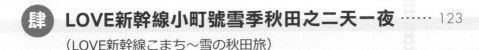

壹、
日本鐵道博物館、鐵道公園、
鐵道車庫、旋轉台基地等大集合
（日本鉄道博物館、公園、車庫など大集合）

鐵道景點大集合

自從兒子2歲以來，母子倆走訪日本各處鐵道博物館、鐵道公園、車庫旋轉台基地等，每個地方都值得去也值得體驗，每個鐵道風景我們都愛及享受，都是滿滿的100分，整理網站分享給鐵道粉絲們做為參考。

1.鉄道博物館　てつどうはくぶつかん

http://www.railway-museum.jp　鉄道博物館駅

2018年7月8日 夏 晴

　　鐵道博物館位於埼玉縣大宮區，於2018年7月5日新館正式開幕。
展示新的車輛為「E514形新幹線電車隼號」、「411形新幹線電車翼
號」、「E153形新幹線電車Max」、「京濱東北線」。新館著重於介
紹有關鐵道的種種工作，利用一張QR卡片可以體驗各種工作內容。

▲與阿嬤第一次參觀鐵道博物館　　▲兒子玩雪玩得很開心

戶外則有新的「迷你隼號」、「光輝號溜滑梯」及各種新幹線的遊樂設施，讓孩子可以盡情享受新幹線的魅力。舊館一樓也部分改裝，不論是原本的車輛展示，還有去年啟用的科學區域，車輛模擬駕駛也增設很多，真的是學習鐵道文化及知識的精華博物館。

　　這次與我母親、兒子3人一起參觀半日遊收穫不少，加上日本最新電視卡通《新幹線變形機器人》（日本節目名稱為シンカリオン）播送，讓這個新幹線變形機器人出動基地吸引不少卡通迷的蒞臨。

▲東京大雪來到鐵道博物館，欣賞鐵道雪景

▲地下鐵博物館門口

▲母子合照

2.地下鉄博物館　ちかてつはくぶつかん

http://www.chikahaku.jp　葛西駅

2017年6月11日 夏 晴

　　第一次媽咪我隨口問兒子要不要去「地下鐵博物館」，他似乎經過認真思考後，很開心回覆我「想去想去」，於是帶他去參觀他最愛的電車。

　　地下鐵博物館就剛好位於「葛西站」正前方，門票大人210日幣，雖然小小的，但卻五臟俱全。認識如何開鑿地道、地道深度高度等、還有體驗當地鐵車掌、看到日本第一台地下鐵電車，是很值得來參觀的博物館。有機會可以帶著小小鐵道迷來這裡體驗一下日本的地下鐵世界。

3.東武博物館 とうぶはくぶつかん

http://www.tobu.co.jp/museum/　東向島駅

2017年7月9日 夏晴

　　東武博物館展示很多東武系列的電車。東武鐵道是在1897年（明治30年）設立，帶著夢想及文化建立網絡。在1989年慶祝設社90年，並成立了「東武博物館」。裡面有許多歷年的東武電車及歷史介紹外，還有許多讓孩子可以當車掌行駛電車的遊戲。東武鐵道沿線景色用一張大地圖表示，讓人一目瞭然。這裡門票為200日幣，離晴空塔超近，喜愛鐵道的朋友一定要來這裡參觀。

　　因為我家住川越，陽台前便是東武東上線及JR行駛。兒子一直想要東武東上線電車模型，可惜都沒在賣！來到這裡終於有販賣小型版東武東上線，這小小紀念品徹底滿足他鐵道迷的心情。

▲東武博物館一隅

▲來館紀念拍照

28

4.電車とバスの博物館
でんしゃとバスのはくぶつかん

http://www.tokyu.co.jp/museum-2/index.html 宮崎台駅

2018年6月18日 春 梅雨

　　電車とバスの博物館於1982年4月3日開館，是為了紀念東急創立60年，其設立於川崎市的高津站。1991年移至二子玉川園，2002年因為配合田園都市線許多工程休館，2003年又再度開館。中間歷經許多改館過程，2016年2月19日新館正式開幕，分成A、B兩棟。

　　展示東急200形電車、510形電車、3456形電車、517形電車模擬操作、日野RB10路線巴士、飛機日本航空機製造YS-11-109 JA8662等設施豐富，都可以讓孩子及大人們一起操作電車及巴士，非常有人氣，

▲東急系列的鐵道博物館

▲博物館的合影紀念照

每樣都得排隊，當然也有場景電影及小孩愛的Plarail遊戲區。票價大人200日幣、3歲以上100日幣，因為就位於車站旁邊，交通非常方便，以前重新開幕時，就想帶兒子來體驗看看。

從涉谷搭著田園都市線參觀東急體系的博物館，就可以感受到田園都市線的魅力，抵達博物館後，更可以感受到博物館重新開張的努力及用心，當然可以在這裡購買只屬於東急系列的Plarail，作為收集電車的最好紀念品。

5.青梅鉄道公園
おうめてつどうこうえん

http://www.ejrcf.or.jp/ome/ 青梅駅

2018年4月15日 春雲り

　　青梅鐵道公園是為紀念鐵道開業90週年，建立於1962年10月19日，為永山公園的一角。1987年國鐵分割民營化，東日本旅客鐵道（JR東日本）繼承營運。展示車輛有「3號機關車」、「D51形蒸汽機關車」、「E10形蒸汽機關車」、「0系電車車頭」等。除此之外，還有許多讓大人小孩玩的鐵道娛樂設施，例如手動平交道真的很好玩。

▲紀念館內一角

▲兒子笑到合不攏嘴

除了屋外展示之外，還有紀念館，一樓有80分之一比例的鐵道模型全景攝影。另外還有定時表演，可以看見許多知名列車奔馳，還有小孩子的偶像湯瑪士小火車及麵包超人列車，還有迷你列車出動，短短的表演，大大的興奮，兒子是現場最捧場的，不停配合歡呼，讓操作車掌也很開心。

　　青梅車站除了青梅鐵道公園之外，還有「青梅赤塚不二夫會館」及「昭和時代紀念館」，是非常有懷舊風情的一站。但我們出公園時間已經是下午四時多（閉館時間是17:00），所以只有在館外欣賞一下建築物的美麗。有機會也想從青梅車站出發至東京都內有名的郊區「奧多摩」。

32

6.京王れーるランド
けいおうれーるランド

http://www.keio-rail-land.jp　多摩動物公園駅

<u>2017年7月3日 夏晴</u>

　　今天第一次帶兒子去「京王れーるランド」，搭乘多摩單軌電車，抵達多摩動物公園站。果然在媽咪中的預料之中，一進去他整個人又開心地飛起來了！有小孩最愛的球球區、京王電車展示、可以乘坐迷你小電車等等，這次剛好碰上七夕活動，於是我也寫下了願望，希望能成真！這裡有限定京王電車商品，身為鐵道迷的你一定要買下去。

　　這電車博物館真的很棒，麻雀雖小五臟俱全，是個炎炎夏季溜小孩的好地方。

▲兒子與京王電車合影

7.原鉄道模型博物館
はらてつどうもけいはくぶつかん
http://www.hara-mrm.com/sp/index.html　横浜駅

2018年1月3日 冬 晴 強風

　　原鐵道模型博物館建立於2012年7月10日，日本鐵道第一條開通地點──橫濱。原鐵道模型博物館依創館者原信太郎的信念，有兩大特點：一、將世界各地的蒸汽機關車到電氣機關車，鐵道發展的歷史重現；二、按照真正鐵道的比例、以縮尺約1/32，不管是鐵軌、架線、聲響、機關車的底盤、內部構造、機關車行駛車聲、景緻等都是真實呈現。有些地方雖然是看不到的，但原信太郎的堅持、讓這小小鐵道舞台、真實上演現實生活中的鐵道景色。

▲湯瑪士小火車裡的胖總管

▲原鐵道模型博物館內展示車輛

　　每年到了冬季、就會有「TOMAS特展」。迷你版的湯瑪士列車們，真是可愛極了。除此之外，一進場有展示「或る列車（あるれっしゃ）」豪華列車，真的吸引鐵道迷的目光。

　　2016年冬季也有來參觀過，發現展覽的列車及展覽陳列等都有些許改變。每年來這裡都會有新的體驗感，兒子也很認真欣賞鐵道的文化歷史。外頭還有孩子最愛的「Plarail遊戲區」，真的是讓孩子們度過歡樂新年的好地方。

8.SLキューロク館 SLキューロクかん

http://sl-96kan.com　真岡駅

2017年10月27日 秋 晴

　　SLキューロク於平成25年
（西元2013年）4月28日開館，
館內展示大正時代最具代表的
9600形蒸汽火車，以蒸汽火車行
駛的城鎮作為主軸，傳達真岡市
的魅力。且這展示館是與車站連
結的，讓這裡上下車的客人可以
快速地進展示館參觀，認識蒸汽
火車構造、歷史、文化等知識。
外面則是SL基地，也可以欣賞蒸
汽火車的表演，使更確實傳遞鐵
道文化的魅力。

▲一整天口光鬼怒川行，讓兒子玩到睡得
很安穩，後頭為轉車台

9.武蔵丘車両検修場　西武電車 フェスタ2018

むさしがおかしゃりょうけんしゅうじょう　せいぶでんしゃフェスタ2018

https://www.seiburailway.jp　高麗駅

2018年6月2日 春晴

　　　一年一度的西武線電車祭典在今天盛開舉行。西武鐵道株式會社成立於1912年5月7日，西武集團的事業主要是從東京都西北部至埼玉縣西南部的路線鐵道、不動產事業以及2009年開始埼玉西武lions的母公司。西武名稱是因為位於武藏國的西部而命名。西武鐵道口號為「あれも、これも、かなう」中文翻譯為「這些、那些、都可以實現」。

　　　我們一早從「本川越站」至「所澤站」換車直達西武電車檢修場下車，第一次進入電車工場真的是很興奮又期待的心情。裡面中央有個大型舞台，邀請有名的鐵道藝人、樂團、蛋黃哥搞笑出場等。周邊有鐵道照相專區、參觀鐵道之旅、電車煞車操作、轉車輪、Plarail遊戲區、蛋黃哥專區、機械操作小型西武迷你電車、緊急按鈕體驗等等，非常豐富又可以學習鐵道相關知識。

▲媽媽與西武電車合影

▲兒子認真操作中

　　當然，進電車工場一定要參觀工場裡面的擺設及機械，電車的部品、車輪烤漆機器、洗車場等都很有魅力，裡面還有許多各鐵道事業的物品販賣部，是收集鐵道物品的大好機會。也有小吃部及點心等販賣，真的是個很歡樂的西武鐵道祭典。

　　從早上10點抵達到2點多離開，收穫滿滿的，也意外發現兒子熱愛樂團的表演，還不捨高中生樂團散場。這樣的鐵道體驗於6月及10月會舉辦很多，而且都是只有1天活動，可以加入一些日本鐵道公司粉絲頁就可以取得鐵道活動的相關訊息。

10.都電荒川線おもいで広場
とでんあらかわせんおもいでひろば

https://www.kotsu.metro.tokyo.jp/toden/kanren/omoide.
html　荒川車庫前停留場駅

2017年11月5日 秋 晴

　　都電荒川線是東京都唯一的路面電車，自明治44年開始營運，為王子電車鐵道。之後讓渡給都電，昭和49年開始到現在「早稲田～三ノ輪」之間行駛。

　　這天我們先搭著JR抵達「王子站」，在飛鳥山公園搭乘最小輕軌列車，玩了一整個下午的兒童遊樂區，從飛鳥山欣賞鐵道風景。接著讓兒子第二次體驗路面電車，搭著「都電荒川線」來到了「荒川車庫前」下車。

▲等待電車出發

▲小小都電廣場很有趣

▲開滿玫瑰花的荒川線

　　隨機選點下車，我很幸運選對了。

　　都電荒川線車庫裡停了好多輛路面電車，各式各樣的電車造型讓兒子非常興奮，還很幸運碰上路面電車要發車行駛到路線上。旁邊則是「都電おもいで広場」，展示兩台荒川線電車，一台車內像迷你博物館一樣，有展示都電歷史介紹、照片、小劇場，另一台則可以體驗當電車掌。

　　這季節的荒川線沿路都開滿著玫瑰花，荒川線重視綠地環境，鐵軌之間都是綠油油的鐵道。於是我與兒子用散步的方式，走了幾個車站，欣賞沿路玫瑰花與路面電車的景色，還遇見只有「人」通行的迷你平交道。

11.飛鳥山公園　あすかやま こうえん

https://www.city.kita.tokyo.jp/d-douro/bunka/koenichiran/
asukayama.html　王子駅

2017年11月5日 秋晴

　　飛鳥山公園成立於明治6年（西元1873年）3月，為日本最初指定
的國家公園之一。裡面則有重要文化財，涉澤榮一（しぶさわえいい
ち，日本資本主義之父）的舊邸。公園內有三個博物館，北區飛鳥山
博物館、紙博物館、涉澤史料館，另外還有兒童遊樂區。

▲溜滑梯之一，很適合遛小孩一整天的好公園

▲與D51蒸汽火車照相

　　這裡為鐵道迷最興奮的地標就是那台日本最小的「飛鳥山公園單軌列車」，在2009年7月17日正式運行，讓老弱婦孺可以輕鬆上山，而且是免費的。一抵達公園內，真的是欣賞電車的好地方。可見到新幹線、JR電車、貨櫃電車及都營荒川線路面電車等，真是好風景。

　　除此之外、兒童遊樂區展示巨大又酷的D51蒸汽火車及6000形電車，讓大人小孩不僅玩的開心也可以體驗當電車掌的感覺。兒童遊樂區滑梯設施真的很好玩，還有大沙坑，讓兒子在玩遍所有遊戲之後，還可以埋頭挖沙。

　　遊樂區旁的烏龍麵店也非常好吃，剛好老闆娘是來自高雄的奶奶，讓我非常有回到家鄉的感覺。此外，這裡是東京都賞櫻的有名公園之一，是一個非常適合親子遊玩的景點。

12.万世橋駅　まんせいばしえき

http://www.ejrcf.or.jp/mansei/　秋葉原駅　神田駅

2017年10月24日 秋曇

　　這天夜晚先來到了秋葉原站，這是我第二次在這裡散步。秋葉原就是電器街、僕人餐廳、漫畫電玩玩具的購物好地方，還有AKB48店鋪。但我推著娃娃車，真的無法進去閒晃購買，於是看了2、3店家就直奔「万世橋站」。

　　現在大宮的鐵道博物館的前身就是万世橋的鐵道博物館（西元1936-2006年）。万世橋站1912年開業，1943年廢止。2013年「mAAch ecute（マーチエキュート）神田万世橋」正式營運。

▲二樓餐廳，被電車包圍

這裡是個帶孩子或是鐵道迷的您，可以近距離看見「中央線」奔馳的地方。1樓為商家，2樓則是被兩條軌道夾在中間的站台、隔著玻璃欣賞電車奔馳。還有餐廳可以享用，於是我們就慢慢吃著晚餐，享受奔馳的電車風景。除了可以看見中央線，還可以看見彩色特急列車「梓號あずさ」，真是開心，兒子還坐到不想離場。

　　秋葉原站，真的前後左右都可以看見電車奔馳，假如想要來個鐵道教學，可以來這裡走走，順便欣賞那美麗的万世橋及在万世橋內感受一下被電車包圍的感覺吧！

▲万世橋的招牌

13.横浜トミカ博　よこはまトミカはく
https://www.takaratomy.co.jp/event/index.html
みなとみらい駅

2017年8月14日 夏曇り

　　這一天我們終於啟程去參加今年的TOMICA博覽會！每年暑假都會在橫濱舉辦，這一年展期較長，從8月10日至20日。裡面總是有TOMICA雲霄飛車、TOMICA最新產品、每年都可以自己製作TOMICA、TOMICA釣魚等等遊戲，邊玩邊獲得展覽限定車子，所以吸引眾多車迷來朝聖。還有每年都會出限定「麵包超人車款」，今年是麵包超人及細菌人，每人限量一台、還有許多車款只限博覽會販賣！

　　博覽會不只在關東舉辦，在大阪、金澤、北海道等也會有，到日本旅行時不妨看一下TOMICA展覽訊息，帶著孩子一起來參加。

▲兒子看到入迷

▲TOMICA車展示

14.プラレール博in Tokyo
プラレールはく in Tokyo

https://www.takaratomy.co.jp/event/index.html

池袋サンシャインシティ Sunshine City　池袋駅

2018年5月2日 春 曇り

　　參加一年一度我們母子倆的大盛事——Plarail博覽會，東京場是4/27～5/6，地點在池袋的Sunshine City，時間為10:00～16:30。

　　今年會場分成3區，一進場可以看見大大Plarail及湯瑪士小火車大看板，照相紀念的好地方。這次有展出海底通道，那是以日本的「青函隧道」作出的想像空間，可以看見はやぶさH5通過的樣子，讓我忍不住想要搭著はやぶさ從大宮一路至北海道。

▲兒子手氣好，抽中閃亮電車

▲與媽媽製作自己的專屬電車

▲兒子最愛的派西

　　除此之外，無數的電車在變化多端的路線上奔馳，配合電影上映，今年也展出許多湯瑪士小火車系列。另外遊戲區一定要參加，兒子今年手氣特旺，抽中兩次特別版的金光閃閃發亮電車車輛，差一台車尾就可以湊成一輛閃亮的電車，下次再接再厲。遊戲有抽籤、停車庫、轉盤、小型列車、釣魚遊戲、及照相製造自己專屬Plarail，今年也不例外做了一台。

　　今年對我們來說是第二次參加，算是老手，對於第一次參與的老爸，他可能還在團團轉不知要玩什麼好，不過兒子很開心老爸的參與！

15.下御隠殿橋 しもごいんでんばし

https://www.jalan.net/kankou/spt_13118ad3352052045/
日暮里駅

2017年7月20日 夏 晴

　　下御隱殿橋位於日暮里站的北口，這裡是給電車迷觀賞電車的最佳地點，1天有20多種電車，有新幹線はやぶさ、こまち、かがやき、寝台特急カシオペア、成田Skyliner、JR山手線、常磐線、高崎線等等，2500多班次行駛通過。兒子最近迷上成田スカイライナーSkyliner，所以特別帶他來這裡親眼看看Skyliner，雖然以前我們就搭乘過了，只可惜他睡著了，他一見到Skyliner 非常興奮及開心，也馬上說出各種電車的名稱，不愧是鐵粉（鉄ファン）。

　　日暮里站也是東京的谷中下町風情（下町是指谷中、根津、千駄木區域，擁有懷舊風情的街道），谷中銀座是有名的「猫街」，有許多貓兒及貓相關的商店，其中最有名就是那貓尾巴甜甜圈（猫のしっぽドーナツ），幾年前還是學生的我有吃過，非常香甜又好吃！附上網址～http://ww5.yanakasippoya.com。

　　有機會來到日暮里，電車教學之外，也可來逛逛東京下町。

▲日本鐵道迷必訪景點之一

16.東京會舘 銀座スカイラウンジ
とうきょうかいかん　ぎんざスカイラウンジ

https://www.kaikan.co.jp/branch/skylounge/

有楽町駅　銀座駅

2017年12月13日 冬 晴

　　夢寐以求的SKY LOUNGE終於來拜訪了。360度旋轉的餐廳，搭配法式料理，俯瞰有樂町站、東京站、銀座的街道，真的是觀賞電車街景又可以優雅品嘗法式料理的好地方。俯瞰著整個東京車站，視野真的超級棒，列車種類更是多到數不清。

▲360度旋轉餐廳又可以欣賞東京車站，視野絕佳

一開始我還沒發現它正在旋轉，可見旋轉速度非常慢，才不會吃到頭暈。我們選擇下午2點半開始使用餐點，一路坐到將近5點，從白天景、夕陽景轉進夜景，才心滿意足地離開。

　　這家餐廳就位於銀座的「東京交通會館」上面，人不多，可以慢慢欣賞景色，我們也是第一次發現這樣的360度欣賞鐵道景色的好餐廳，分享給鐵道迷及大家。

▲盛裝打扮享用法式料理

17.トーマスタウン　TOMAS TOWN

http://www.thomastown.jp/shinmisato/　新三郷駅

2017年12月6日 冬晴

　　久違的TOMAS TOWN，位於新三鄉Lalaport大型購物中心裡面，是個室內的湯瑪士小火車世界。現在正值聖誕季節，每個小火車都戴上可愛的聖誕帽子與聖誕裝飾。裡面的遊樂設施都必須購買錢幣，有小火車尋寶世界、歡樂球池等等，還有湯瑪士小火車冰淇淋、蛋糕、車輪餅等，以及販賣當店的特款商品。

　　由於在室內，適合冷冷的冬季來玩耍，購物中心內什麼都有賣，可以待上一整天，有機會可以帶孩子來玩玩。

▲我們最愛的聖誕節，湯瑪士小火車們都好可愛

18.上野東京メトロ
銀座線車庫（上野検車区）

うえのとうきょうメトロぎんざせんしゃこ（うえのけんしゃく）

https://ja.m.wikipedia.org/wiki/上野検車区　上野駅

2018年5月4日 春 晴

　　上野檢車區起源於1927年，由於戰後乘客數增多，在1968年把工場大規模改造成地上及地下車庫。銀座線從車庫出發，對面則是通往上野站的隧道。銀座線及丸之內線是利用第三軌跡行駛，車輛上沒有架線。

▲等待銀座線出發，兒子很有耐心

在車庫旁有一間小小的「げんき」居酒屋，店主也是熱愛鐵道文化，店鋪裡充滿電車的圖片。

上野檢車區會在鐵道迷之間那麼有名，原因為它是地下鐵中唯一有平交道柵欄的。我與兒子耐心等待著銀座線電車從車庫出發的樣子，在這之間也有許多鐵粉來到此處拜訪及等待，據說早上10點到下午4點之間可以遇見銀座線發車。

兒子最奇特的地方，就是只要是有關鐵道的事物都可以充滿耐心及興趣，我們就這樣等了一個半小時，卻沒等到，兒子不僅不哭泣，還說那下次再來看。

▲與地下鐵唯一有平交道的銀座線合影

19.新宿御苑　しんじゅくぎょえん

http://fng.or.jp/shinjuku/　新宿駅

2018年3月23日 春 晴

　　在江戶時代，新宿御苑為高遠藩內藤家的下屋敷的地基之一，在1879年（明治12年）開始建立新宿御苑植物園，並於1906年（明治39年）5月正式開園。新宿御苑以「八重櫻」聞名，並被選為「日本櫻花名所100選」，裡頭除了八重櫻之外、還有「英國風景式庭園」、「法式整形庭園」、「日本庭園」、「玉藻池」等，園區面積廣大，可以悠悠哉哉一邊賞櫻、一邊野餐。

▲後面為電影《你的名字》名場景之一

壹‧日本鐵道博物館‧鐵道公園‧鐵道車庫‧旋轉台基地等大集合

▲兒子賞花又賞電車很滿足

▲櫻花盛開

　　兒子與我一進新宿門，就看到好多櫻花盛開，往裡頭走去，可以看見許多人帶著野餐巾席地而坐，聊天、野餐或是賞花，非常熱鬧。我們雖然忘記帶野餐巾，但直接坐在草地上吃著好吃的冰淇淋，欣賞美麗的草原、大樹與池景。

　　繼續往裡頭走去，一大片櫻花樹真的是視覺大享受，望著庭外的「NTTドコモ代々木ビル」，真的是自然加上高樓大廈的絕配景色，可說是新宿御苑的一大特色。除了賞花之外、《君の名は》的電影場景都可以在這裡欣賞到。此外發現裡面某處可以觀賞JR總武線、中央線、特急梓號，真的是大發現，兒子也超開心的，度過了一個賞花賞車的好時光。

20.新宿駅　しんじゅくえき

新宿駅

2017年11月19日　冬夜 晴

　　新宿每到了聖誕節時期，整個街道到處都充滿著聖誕節裝飾，這也是我每年必訪聖誕節燈飾的一站。

　　我們欣賞完東京都廳夜景之後，沿路走回新宿車站，一路上都有聖誕節裝飾，聖誕氣氛非常濃厚，大家拿著相機不停拍攝。今年是閃亮亮又浪漫的粉紅色燈飾，我一看到，心中大喊「好可愛」，然後就被這燈飾給迷幻了。

　　走到高島屋的車站路口，這裡則是營造海洋世界色彩，藍藍綠綠，在燈光中欣賞電車的奔馳，好浪漫又開心，但真的非常冷。來到日本的朋友們，晚上一定要圍巾加大外套，不然真的會被冷風吹到變雪人了！

　　給鐵道迷：新宿車站接近高島屋出口，是電車鑑賞的好地方，可以看見JR、あずさ號、日光　等等，現在是聖誕節燈飾季節、也是約會賞景的好地方優！

▲新宿車站聖誕夜景

56

21.川越電車鑑賞
かわごえでんしゃかんしょう

https://www.seiburailway.jp/railways/tourist/chinese/index.html　（西武鐵道 x 台灣鐵路管理局）川越駅、本川越駅

2017年9月21日 秋晴

　　川越可見到JR、東武線、西武線3個公司的電車，那天剛好發現今年西武與台灣鐵路管理局合作的電車～～真的太幸運了！且發現一個只有行人跟腳踏車才能通行的迷你平交道，超級可愛！還見到西武及東武電車同時奔馳的迷人模樣，這趟鑑賞太有魅力了。

　　附上西武與台灣合作的日文新聞——

https://travel.watch.impress.co.jp/docs/news/1050/425/index.html

　　經過這鐵道文化交流，確實川越增加好多台灣人拜訪有名的「氷川神社」風鈴季。

▲西武鐵道與台鐵合作的電車

▲可愛的卡娜赫拉電車

22.東武鉄道川越工場
とうぶてつどうかわごえこうじょう

http://www.tobu.co.jp/tojo/coupon/kawagoe/　川越市駅

2018 年5月24日 春晴

　　東武鐵道川越工場是東武鐵道於昭和46年（1971年）發跡，東上線及越生線所有車輛（除了8000形一部車輛之外）檢查全體車輛及重要性檢查，檢查標記略稱為「川工」，現在為南栗橋車輛管區的管轄之下。東武線所屬的8000係及10000係經由秩父鐵道，送回南栗橋車輛管區檢查。

　　其實每次從川越站往森林公園站方向搭乘，都會經過這檢車區，兒子下課後順道拜訪一下，想觀賞東武東上線檢車區，可以在「川越市站」下車，往旁邊停車場的人行道走就可以前往參觀。

　　雖然不能進入內部參觀，但工場外型就是採用東上線的造型，非常可愛迷人，此外，鐵軌上的架線等都可以看見鐵道用的器具及機械設備，我想鐵道迷的朋友來到川越時，可以小小欣賞一下東武鐵道川越工場的魅力。

▲東武鐵道川越工場

23.東急世田谷線300系
「幸福の招き猫電車」玉電110周年

とうきゅうせたがやせん300けい「こうふくのまねきねこでんしゃ」たまでん110しゅうねん

http://www.tokyu.co.jp/ekitown/sg/index.html

2017年10月18日 秋晴

　　　招財貓列車是為了慶祝玉電110週年紀念而設計的，外觀以招財貓的可愛模樣，車內有招財貓手環及踩著貓腳印。這是一台路面電車，也是兒子第一次搭乘路面電車，我們從「宮之坂站」坐到「三軒茶屋站」，途中還遇到跟行人一起等紅綠燈，車掌的運行技術超好，可以見識日本車掌行駛電車的架勢很帥氣。

　　　這台招財貓列車預計運行到2018年3月底。目前雖然已結束，但熱愛路面電車的您，不能錯過這穿梭在世田谷的路面電車，也可以搭乘電車到著名的招財貓寺廟「豪德寺」參拜，運行車站為「三軒茶屋站」～「下高井戶站」。

▲招財貓車頭好可愛

▲豪德寺內「招財貓」神社，內有lego製造的招財貓，可以睜大雙眼找找看

24.江ノ島電鉄（藤沢~鎌倉）～極楽寺駅 & SLAM DUNK踏み切り（灌籃高手平交道）

えのしまでんてつ（ふじさわ～かまくら）～ごくらくじえき＆
SLAM DUNK ふみきり

2018年1月12日～13日 冬 晴

　　江之島電鐵（簡稱江之電）於1902年（明治35年）開始營運，在閑靜的街道，湘南的海岸上緩緩行駛的路面電車。最大的魅力就是坐在江之電上好像是在遊樂園一樣的感覺，慢慢地欣賞街道的景色，在狹隘的鐵道上，等待另一台列車通行，還有行駛在民宅之間，車站迷你到必須僅開放前車廂的門上下車。車輛的造型是延續使用半個世紀前的車輛，有300形、1000形、2000形、500形等，造型充滿昭和時期的懷舊風情，經典綠色的車輛，可愛的江之電娃娃座椅，堅持兩輛一組的連結車，停靠老舊的車站，刻畫著每個乘客的故事，還有在鎌倉站終點停靠站，停站點上還有可愛的招財蛙等待電車回來。還有某些商店也有江之電電鐵的裝飾，處處可見江之電的巧思。

　　最有名的一站於1999年10月14日選為「關東的車站百選認定車站」～極樂寺站。

▲有名的極樂寺站

60

極樂寺站是1904年（明治37年）4月1日啟用，這車站會那麼受鐵道迷歡迎，是因為江之電的檢車區在這一站，及江之電唯一的隧道就是在「極樂寺站」與「長谷站」之間，全長200公尺，用煉瓦建成的坑門稱為「極樂洞」，這也是鐵道迷必訪之地。

除此之外、很多日劇、電影、漫畫都有在這一站取景，例如《最後から二番目の恋》、《海街diary》、《南鎌倉高校女子自転車部》等。

我們第二天的第一站就來到這有名的車站，帶兒子來感受一下浪漫古早味的極樂寺站。不僅外國觀光客，日本人也超愛來這一站拍照留念。記得我第一次來到這裡，看見江之電從「極樂洞」出來的鐵道風景，真是美極了。

▲兒子最愛的江之電

此外著名的「灌籃高手」平交道位於「鎌倉高校前站」，在1903年（明治36年）6月20日啟用，於1997年選為「關東的車站百選」，是個可以眺望廣大海的好車站。

出了有名的平交道後，抵達七里之濱可以瞭望富士山、房總半島、伊豆半島，也是非常美麗的一站。

抵達這站，可愛的兒子睡午覺中，於是我可以慢慢地拍攝那平交道與江之電經過面向大海的景緻，也感謝路人甲乙丙丁幫我拍攝好照片，讓我可以足以留念。

以前對於這站的記憶，是坐著江之電面對著大海看著美麗夕陽的景色，浪漫至極。《灌籃高手》的片頭曲可說是童年的快樂回憶，來到這裡感受櫻木花道高中生的青春氣息，看著大海、真是棒極了！能在這裡讀「鎌倉高校」的高中生真的幸福。

▲灌籃高手平交道

25.滋賀県長浜鉄道スクエア
しがけんながはまてつどうスクエア

http://kitabiwako.jp/tetsudou/　長浜駅

2017年11月24日 冬 晴 寒い

　　長濱鐵道Squre是日本最古老的站舍，於明治15年（西元1882年）作為北陸線的始發站，當時日本政府認為鐵道開發是為重要國策之一，為了連結東京與神戶、琵琶湖與日本海，長濱站成為連結交通的重要窗口。

▲兒子第一次戴上車掌帽，好帥氣　　▲長濱鐵道Squre外面的紅葉風景

建築物採用洋風設計，牆壁厚度為50公分，窗戶及出入口都以當時最流行的紅磚塊建造而成，當時非常流行木造建築，但舊長濱站舍則是以水泥建造而成。在昭和33年，此建築被指定為第一屆鐵道紀念物。裡面有D51形793號蒸汽火車，及ED70形1號交流電汽車，可以模擬操作。館內還有書本、歷史介紹、小孩玩樂區及制服帽子體驗拍照區。這時候的長濱鐵道Squre外面，有浪漫風情的紅葉點綴，使站舍更有濃濃的歷史味道。

　　鐵道行程真的讓兒子恢復精神，所以我的行程去到哪裡一定會安排幾個適合孩子玩樂教學的地方，不僅孩子也學習到知識、也讓我有回到青春的感覺。

▲館內展示的車輛

26.名古屋リニア・鉄道館
なごやリニア・てつどうかん

http://museum.jr-central.co.jp/　金城ふ頭駅

2017年7月31日 夏 晴

　　這次名古屋行、最重要的景點就是位於港邊的「磁浮鐵道館」，旁邊也有新開幕的樂高樂園。

　　這鐵道館以「955形、新幹線試驗電車300X」（443km/h）及「超導電磁浮MLX01-1」（581km/h）吸引眾人注目，兩輛車速堪稱世界最快。還有新幹線的醫生「Dr.Yellow」，終於親眼見識這幸福的黃色新幹線，由於是檢測新幹線行駛路線安全，不公開行駛時刻表，當在路上看見Dr.Yellow時，則會帶來幸福的運氣，感受到這份力量，我與兒子旅途很平安。

　　此外，還有kids遊戲區及其他電車展示。由於就在港邊，我們也與那美美的海岸風景照相留念。

▲造訪紀念照

▲Dr. Yellow是新幹線的醫生

27.京都鐵道博物館
きょうとてつどうはくぶつかん

http://www.kyotorailwaymuseum.jp/tc/　京都駅

2016年11月24日 秋晴

　　身為鐵道迷的兒子，媽媽當然要帶他來參觀新蓋好的京都鐵道博物館。看到新幹線及蒸汽火車的展示，他開心極了。

　　關東跟關西的鐵道博物館真的不太相同，因為展示車輛是幾乎不一樣的。京都鐵道博物館最大的一個特色是有「梅小路蒸汽火車車庫」，可以看見滿滿的蒸汽火車並列在車庫的樣子，真的是大飽鐵道迷的眼福，搭乘新幹線時，也有機會可以眺望到那非常酷的蒸汽火車車庫。

　　由於新開幕沒很久，整個設備及空間非常明亮乾淨，有機會來到京都，不妨替孩子或身為鐵道迷的您安排這個景點吧！

▲京都鐵道博物館內寬闊明亮

▲與兒子到此一遊紀念照

貳、
日本蒸汽火車之旅介紹
（日本蒸気機關車の旅紹介）

1.第一次搭乘SL（Steam Locomotive）一日遊　2016年10月23日

SL碓氷物語 & DL碓氷物語　（SLうすいものがたり＆DLうすいものがたり)高崎駅～横川駅

2016年10月23日 秋晴

　　第一次帶著鐵道迷兒子來體驗SL蒸汽火車的魅力！

　　全黑的車頭搭配那懷舊的汽笛聲，裝滿黑閃閃的煤炭車，還有那舊式的座椅、電扇及窗戶，搭配著名的釜便當，是一段經典又愉悅的鐵道享受，從高崎站～横川站，車程約1小時。SL碓冰物語是C6120 蒸汽火車及DL碓冰物語是D51888柴電機火車來牽引。

　　横川站一到，還可以戴著車掌帽子拍照留念。回程的火車上，有進行車內紀念拍照，於是又拍了一張當作第一次蒸汽火車的紀念。那時兒子還小，但也開啟了他對蒸汽火車的興趣。

一日遊行程：搭乘SL碓冰物語（高崎站～横川站）→碓冰峠鐵道文化村→搭乘SL碓冰物語（高崎站～横川站）→搭電車返回川越站

▲第一次與蒸汽火車拍照

▲小小兒子的蒸汽火車之旅～成功！

碓氷峠鉄道文化むら（うすいとうげてつどうぶんかむら）
横川駅

2016年10月23日 秋 晴

　　横川站一出站就有「碓冰峠鐵道文化村」，創建於1999年4月18日，保存著許多國鐵時代重要珍貴的車輛。園內可以乘坐あぷとくん，於1998年由日本・北陸重機工業製的蒸汽機關車10000號，由3輛客車「赤城」「榛名」「妙義」來牽引。軌間610mm，長約800m的周回軌道，是日本國內珍貴的動態蒸汽火車，可以搭乘遊覽園內。除此之外，園內保存許多珍貴的電力火車及蒸汽火車，還有湯瑪士及新幹線小遊具可供小孩玩樂。

　　另外園內有小火車（トロッコ列車），可以搭乘從園內的文化村站坐到峠之湯站，一路上都有日文導覽，介紹風景及火車，吹著山林中的涼風，真的很舒適。抵達後，有餐廳可以吃飯或泡溫泉休息。我們泡了溫泉、稍微休息一下後，又回到橫川站準備搭乘回程的蒸汽火車。

▲小火車出發了

2.第二次搭乘SL（Steam Locomotive）
二天一夜　2017年3月21日～3月22日
SL大井川鉄道（おおいがわてつどう）新金谷駅～千頭駅

2017年3月21日 春雨

　　這是我與兒子第二次體驗蒸汽火車之旅。SL大井川鐵道位於靜岡縣，這裡的SL火車是日本唯一年間300日以上在運行的。那天陰雨綿綿，卻澆熄不了我們倆要搭蒸汽火車的熱情，匆匆忙忙買了票，拍照留念後就趕緊上車了。

　　這一台蒸汽火車是由SLCII190牽引的，沿路山林散發芬多精，搭上老舊火車的汽笛聲與車掌絕佳的口琴聲，唱著〈線路は続くよ～どこまでも～〉這首著名的日本火車兒歌，我的兒子也跟著大聲唱著，讓媽媽非常享受在這音樂火車之旅。這台蒸汽火車真的很努力往高山爬，可以感受到火車噗噗的汽笛聲、車輪的嘎嘎咚咚，忍不住會替火車先生加油打氣！

　　題外話，後面的一家人吃著火車便當，我們因為太急著趕車，所以沒買到便當，讓兒子一直嚷嚷著：「お弁当～食べたい（想吃便當）」直到下車！

　　終於抵達千頭站，其實這裡每年的夏季及冬季都會有「湯瑪士火車」運行，有機會的話，要再帶兒子親眼看看湯瑪士火車的魅力。

　　我們一家人在寸又峽住了一晚後，隔天老天也保佑我們，大晴天的天氣讓我們可以參觀世界美麗的吊橋，真不虛此行。只是雨天時很不建議去看吊橋，因為有山崩危險，開車下山的山路也非常險峻，辛苦爸爸了，讓我們母子倆平安快樂地享受了旅程！

簡單2天一夜行程：

Day1：至「新金谷站」搭乘大井川鐵道蒸汽火車→抵達「千頭站」至
　　　Hotel check in，在Hotel休息、享用晚餐、泡寸又峽溫泉

Day2：Hotel check out→至寸又峽吊橋→開車返家

▲大井川鐵道獲得「日本的音風景百選」　▲與SL CII 190合照

72

寸又峽夢の吊り橋（すまたきょう ゆめのつりばし）千頭駅

2017年3月22日 冬 晴

　　這是我一直想去的寸又峽夢幻吊橋，因為這是被TripAdvisor選為世界前10名最想去的吊橋之一。要抵達吊橋，必須先走一段路，中間還會經過大又深邃的隧道，最後要抵達終點有兩條路可以選擇，一個陡峻的山路，一個是比較輕鬆的，因為我們帶著兒子，一定選輕鬆的！

　　終於抵達夢幻之橋，親眼目睹真的感動極了！吊橋維護的非常安全、有10人重量限制，因為兒子不敢走，於是我一個人跨橋了！當走在那蔚藍的湖上、真的好幸福優，據說走到吊橋中間，許下戀愛願望都會成真，真的是「仙境」！但雨天不推薦挑戰，我覺得有點危險。最後可以在這裡享受一下「寸又峽溫泉」，放鬆心情享受旅程。

▲死都要去的美麗景點「寸又峽溫泉」

寸又峡温泉「湯屋 飛龍の宿」
（すまたきょうおんせん「ゆや　ひりゅうのやど」）　千頭駅

2017年3月21日 冬 雨

　　我們享受了大井川鐵道SL蒸汽火車之旅後，便來到這裡的寸又峽溫泉的飯店休息一晚。我們非常幸運的，這一天人非常非常的少，於是一家人很舒適的度過一晚，我與兒子也一起泡著沒人的溫泉，泡得非常愉悅！

　　晚餐飯店的服務人員也非常細心，一直會照料你夠不夠吃，由於兒子晚餐時不小心睡著了，他們也非常細心體貼，把可以帶回房間的餐點給兒子吃，很喜愛這家飯店的貼心！

　　隔天的早餐也非常好吃，一家人吃飽睡飽，老天爺也眷顧我們、天氣放晴可以追尋那仙境的「夢幻吊橋」。

▲飯店的大廳

3.第三次搭乘SL（Steam Locomotive）一日遊　　2017年6月4日

秩父「PALEO　EXPRESS」（ちちぶ　「パレオエクスプレス」）寄居駅～御花畑駅

2017年6月4日 夏 晴

　　這是與兒子第3次搭上蒸汽火車。奔馳秩父鐵軌的蒸汽火車內部格外的新穎與漂亮，由於離都內很近，所以搭乘的乘客比較多。第1車廂是指定座、其餘車廂為自由座。兒子又長大了一些，所以搭起火車來非常老練成熟，又更懂得享受蒸汽火車的魅力。

▲這張的兒子很有昭和時期的帥氣

秩父「PALEO EXPRESS」是SL秩父錦C58363，從熊谷站到三峰口站。由於我是住在川越市，所以須先搭乘東武東上線川越站～小川町站，再轉另一台電車小川町站～寄居站，再從寄居站開始乘坐秩父「PALEO EXPRESS」。短短的車程，也可以享受到長瀞的溪水美景及秩父的鄉村景色。我選擇在「御花畑站」下車，可以去鄰近的秩父神社、新的溫泉會館及登錄文化遺產的秩父祭典會館。

　　帶兒子來真的不能爬山，這裡許多遊玩是需要爬山涉水，等兒子更大之後，再與他來享受自然的玩樂。

　　短短的旅程，大大的享受，再次體驗蒸汽火車的魅力，讓我開始想享受每台蒸汽火車的旅程。在三峰口站有蒸汽火車轉台，是一座蒸汽火車公園，但這次沒坐到最後一站，只買單程票，先至祭之湯吃中餐，再到秩父神社、參觀秩父祭典會館後，太陽公公也快下山了，便搭著秩父鐵道回家了。

▲秩父蒸汽火車頭

一日遊行程：
從「寄居站」搭乘SL秩父號→祭之湯享用午餐泡湯→秩父神社→秩父祭典會館→搭乘秩父鐵道轉東武東上線返回「川越站」

景點介紹

秩父神社（ちちぶじんじゃ）　秩父鉄道秩父駅

2017年6月4日 夏 晴

　　一到秩父車站，一定要來秩父神社參拜，請求神明保佑之外，還有著名的保佑孩子的虎神坐鎮及保佑健康的猴神。

　　「親の心得　赤子には肌を離すな　幼子には手を離すな　子供には眼を離すな　若者には心を離すな」，翻成中文是「作為父母親的心得忠告　給予嬰兒富足的肌膚之親　給予幼兒溫柔的雙手、緊緊抓住　給予孩子富足的關愛、看在眼裡　給予年輕人豐富的心靈溝通」。我不太會翻譯，但看完這四句話，點醒我這位作為母親的責任與愛，心有戚戚焉、與您分享。

▲秩父神社門口

▲館內豪華壯麗的神轎

秩父まつり会館（ちちぶまつりかいかん）　秩父鉄道秩父駅

2017年6月4日 夏 晴

　　秩父的祭典抬轎成為無形文化財產。一進去可以感受到工作人員致力的說明及介紹，還有厲害的7分鍾燈光秀及3D電影，親眼看到真的很漂亮精緻，讓人很想親眼看看真正祭典那天的慶祝儀式。

78

祭の湯（まつりのゆ）　西武鉄道秩父駅

2017年6月4日 夏 晴

　　祭之湯是一間複合式的觀光景點，包含當地餐廳、販賣部、溫泉等設施。我們在這裡吃了午餐，本來預備要去泡溫泉的，但沒想到那天正值維修期間不開放，有機會再訪。

▲沒泡到溫泉，也要在門口照相留念

4.第四次搭乘SL（Steam Locomotive）二天一夜　2017年9月8日～9月9日

「SLみなかみ」水上駅～高崎駅

2017年9月8日 秋 涼爽

　　我們臨時起意的旅程，原因是兒子想住飯店及泡溫泉，正好媽咪我也想放鬆一下，也一直想帶兒子來水上站搭乘SL蒸汽火車。

　　第一天睡飽後，開始啟程旅行，先搭乘新幹線MAX抵達上毛高原站，再搭著巴士至水上站，一抵達水上站可以聆聽利根川溪水聲及呼吸山林的新鮮空氣。先去飯店放行李後、來個午後散步。

▲與新幹線MAX合照

這2天1夜的行程是：

Day1：搭乘新幹線MAX至「上毛高原站」→轉巴士至「水上站」→至Hotel check in→利根川、諏訪峽溪水→水上町水紀行館→回Hotel泡湯享晚餐

Day2：Hotel check out→谷川岳纜車→SL水上號旋轉台→搭乘SL水上號至「高崎站」→「高崎站」搭普通電車回到「川越站」

利根川(とねがわ)　諏訪峽(すわきょう)　水上駅

2017年9月8日 秋 涼爽

　　利根川就位於飯店前，利根川可說是關東地區最主要的水源溪流，源自大水上山，我們是位於利根川的上游區。這裡可以見到幾組活力十足年輕人在利根川上開心泛舟及體驗獨木舟的溪流。

　　我們往反方向來到「諏訪峽溪水旁散步」，旁邊就是「清流公園」，小孩可以開心玩水，也可以欣賞溪流涓涓的樣子，此地也不時有電車經過的鐵道溪水風情。

　　之後就來到「水上町水紀行館」欣賞淡水魚的小小水族館，鯰魚是館中的主角，還特別設立小小照相紀念區。

　　慢慢走回飯店，途中還發現有「寵物溫泉會館」，真的超級可愛，有幾組狗兒們在那裡泡溫泉玩水，兒子都想進去參一腳。水上町對於城鎮推廣相當用心，他們在一面大牆上繪畫了城鎮的著名觀光景點，供旅客參考。

▲在清流公園遊玩的我們

▲在谷川岳的我們，天氣很好，視野極佳　▲谷川岳，天神平站合影

谷川岳ロープウェイ（たにがわだけロープウェイ）土合駅，從水上駅搭乘巴士直接抵達纜車站

2017年9月9日 秋晴

　　我們來到了水上溫泉，這裡最有名的觀光景點就是「谷川岳」，為日本的百名山之一，擁有兩個主峰分別是「藥師岳」，日文俗稱トマの耳，標高為1963m，及「谷川富士」，日文俗稱オキの耳，標高為1977m。

　　從「土合站746m」搭纜車抵達「天神平站1319m」，在搭乘纜車過程中可以感覺到高度的變化，甚至有點耳鳴的現象。不過從纜車往下看，可以看見山中的溪流及瀑布，也可以看見正在努力的登山者。

兒子是第一次搭纜車、可以感受到他的緊張，不過這纜車做得很安全，加上那天風不大，所以不會很搖晃。

抵達天神平站，就可以好好欣賞谷川岳那雄壯美麗的山稜線，與藍天白雲成一天線的好風景。即將賞紅葉的季節到來，這裡也是著名的賞楓景點喲！餐廳還有甘甜的谷川岳山水及好吃的咖哩飯、冰淇淋，可以休息一下邊欣賞大自然的奧妙及美麗。

這裡有規劃一系列的登山步道，熱愛登山的人可以挑戰看看，但一定要依照規劃路線，否則這座山雖不高，但因山路崎嶇坎坷險峻，擁有「魔之山」之稱。這是與兒子第一次上高山的經驗，很值得珍藏。

「SLみなかみ」水上駅～高崎駅

2017年9月9日 秋晴

　　我們母子倆第四次搭乘懷舊魅力百分點的SL蒸汽火車。前一天先搭新幹線抵達「水上站」住一天泡溫泉，第二天一早先搭乘谷川岳纜車欣賞山景，下午就是火車之旅，15:20啟程。在那之前我們先到火車停站點欣賞SL水上號的英姿，第一次見到行駛員檢查火車的過程，先開啟蒸汽，一支支蒸汽管線測試等等，真的很精彩，也讓鐵道迷兒子非常興奮，火車發出了喀嚓喀嚓及響亮汽笛聲，宣告正式啟程。第一次看見火車頭與客車連結的精彩演出，讓一堆乘客看到目不轉睛。

▲ 在水上站欣賞蒸汽火車測試

▲兒子與SL水上號合影

▲搭乘水上號,兒子很像
小大人一樣,與陌生人侃
侃而談

　　這天人非常多,我與兒子第一次對坐,旁邊的情侶非常體諒我
們,讓娃娃車就在四人的腳下休息。真的是舊型火車,不管是座位、
電扇及車內燈,留下濃濃的昭和時代風情。兒子也像小大人一樣,堅
持在叔叔旁邊坐著,邊與他們聊天,比媽媽還會打交道。那天天氣也
特好,所以車窗一直開著,吹著自然的風非常舒適。

　　從水上站抵達高崎站大約快2小時車程,所以大部分的人都是片道
火車、片道新幹線,或是往返都火車,不管哪個選擇都能體驗到懷舊
的蒸汽火車的魅力。

水上ホテル聚楽（みなかみホテルジュラク）　水上駅

2017年9月8日 秋 晴

　　我們臨時起意的旅程，前一天夜晚趕緊上網訂了這間水上飯店聚樂，離車站近，價格促銷，評價高。飯店有車站接送，一抵達飯店，服務人員會一一為您說明解釋，還貼心地為我們母子倆拿了可愛的浴衣。房間我真的沒特別挑選，就被安排可以欣賞溪水的風景，附加可以欣賞當地電車，可說是非常滿足了鐵道迷的我們，拍了幾張從房間看見的鐵道風情。

　　早晚餐都是自助的，很適合孩子的胃口，雖然是自助的，但料理非常好吃，煮得很用心。

　　另外，溫泉才是重頭戲，非常地乾淨，共有4個池可以慢慢享受，且到夜晚2:00才結束，我們餐前泡一次，凌晨零時又泡一次，兒子真的超愛泡溫泉！

　　飯店每晚8:40有搗麻糬祭及薩克斯演奏會，晚上就是在飯店慢慢享受，而且夜晚的山中與兒子待在飯店才是最上策，兒子玩得開心、吃得開心、也泡得開心。

▲穿著浴衣的兒子好可愛

5.第五次搭乘SL（Steam Locomotive） 一日遊　2017年10月27日

SL「大樹」（SL「たいじゅ」）　鬼怒川温泉駅～下今市駅

霧降の滝（きりふりのたき）　東武日光駅，從日光駅搭巴士
（巴士一日券在車站口的觀光處可購買）

2017年10月27日 秋 晴

　　霧降瀑布是栃木縣日光市利根川水系的板穴川支流之一，霧降瀑布、華嚴瀑布、裏見瀑布為日光三大瀑布，也被選為日本的瀑布百選。

　　看著灑落的水花有如霧一般朦朧美，搭上開始泛紅的紅葉真的是幅美景。抵達瀑布觀景台要小小爬山一下，兒子果然愛樓梯，努力往上爬也努力下山，沿路撿栗子超級可愛的。在出口處有當地有名的霜降蕎麥麵及炭烤鮮魚，也有賞瀑布餐廳，可以在這裡享用午餐後繼續下個行程。

▲兒子很享受爬山過程　　　　　　　　▲霜降瀑布美景

寫一下本來行程：

（一）中禪寺搭船繞湖欣賞→華嚴瀑布→霜降瀑布→東照宮門口欣賞（因為要爬多階、經歷香川縣爬梯經驗、不敢再試第二次）。

因為要去中禪寺人潮擁擠且大塞車，改變我的行程如下。

（二）霜降瀑布→搭電車抵達「鬼怒川溫泉站」→鬼怒川吊橋及古釜瀑布→選一家溫泉旅館泡鬼怒川溫泉→搭乘SL大樹號→抵達「下今市站」觀賞SL大樹旋轉台→返回「東武日光站」買土產→搭乘日光號回家。

以上兩個行程都可以嘗試，為一日遊的行程，所以接下來要介紹「鬼怒川溫泉」。

会津鉄道（あいづてつどう）　東武日光駅～鬼怒川温泉駅

2017年10月27日 秋 晴

　　這天一早先在日光看了「霧降瀑布」紅葉的美景，第二站坐著經典的「會津鐵道」來到了鬼怒川溫泉。會津鐵道慶祝30週年，有許多觀光旅遊的推廣及慶祝，我們超級幸運坐上這台超級舒適的「會津鐵道」，一時想直接坐到終點不回家。

　　抵達鬼怒川溫泉還是得下車，因為是突然的行程，於是直接先到觀光服務處詢問一小時半左右可以看哪個景點，被介紹從車站約走15分鐘的「鬼怒楯岩大吊橋」。

▲會津列車車頭

鬼怒楯岩大吊橋・古釜の滝・末広池（きぬたていわおおつりばし、ふるかまのたき、すえひろいけ）

抵達鬼怒楯岩大吊橋時，打從心底讚嘆真是美極了，吊橋非常穩固，全長140公尺，高度為40公尺，連結鬼怒川溫泉南部及楯岩，而下面的則是急流滾滾的鬼怒川。

抵達楯岩有兩個方向可以觀賞，（一）古釜之瀑布・末廣池；（二）展望台觀看鬼怒川美景。我們因為時間有限，跟著兒子腳步選擇了「古釜之瀑布・末廣池」，是個非常透明清澈的小瀑布及形成的池子。

▲鬼怒川吊橋非常長，與兒子邊散步邊欣賞鬼怒川

鬼怒川溫泉（きぬがわおんせん）

　　鬼怒川溫泉的起源為江戶時代在鬼怒川西側發現的瀑布溫泉，之後鬼怒川東側亦湧出溫泉，稱為藤原溫泉，此二溫泉合稱鬼怒川溫泉，現在作為「關東的奧座敷」，成為聚集大量遊客的溫泉地。以面朝鬼怒川溪谷，擁有開放露天浴池的近代大型酒店為中心，建立有80間以上酒店及旅館。鬼怒川溫泉水自古就有「火傷就找鬼怒川」的說法，因具有治療燒傷功效而聞名。

　　走完大吊橋後，選擇了一家看起來還不錯的溫泉旅館進去泡湯了，旅館名為「鬼怒川Park-hotels」。果然泡完不一樣，整個人氣色紅了起來。泡完溫泉後，兒子誤會我們要進住旅館，不過舒適度真的讓我想在那度過一晚。接著趕緊回到車站，買了「大樹火車便當」，便匆匆看火車進站及搭乘復甦的「大樹火車」。

▲飯店門口，剛泡完溫泉的兒子神清氣爽

SL「大樹」(SL「たいじゅ」)　鬼怒川温泉駅〜下今市駅

2017年10月27日 秋 晴

　　SL「大樹」是鬼怒川線沿線地區隔離將近58年復活蒸汽火車的行駛，SL復興計劃目的是（一）鐵道產業文化遺產的保存與活用（二）日光・鬼怒川地區活性化（三）東北復興支援。且從火車頭、車身、機關車、轉車台、車掌、車庫等，都是結合全日本各區的力量而復活的。

　　火車頭為C11形207號機是來自JR北海道，客車來自JR四國，機關車來自JR東日本，車掌車來自JR貨車及JR西日本，轉車台來自JR西日本。

▲「大樹」車頭紀念照

從鬼怒川到下今市只有短短35分鐘時間，但可以看見鐵道文化的傳承重要性。我們從「鬼怒川溫泉站」出發，乘坐非常舒適的客車廂，車廂內還有冷氣，一路聽著響亮汽笛聲，抵達了「下今市站」。在這裡不用出車站，直接有連結路可以觀賞SL「大樹」在轉車台的表演，而且還規劃了SL展示館，可以認識蒸汽火車的各種知識，真的非常讓鐵道迷的我們又上了一課。

超級充實的一天旅行，最後又回到了「東武日光站」，買了有名的金箔蜂蜜蛋糕，心滿意足回家了。

▲搭乘復甦沒多久的大樹號，吃著「大樹」便當很享受

6.第六次搭乘SL（Steam Locomotive）
二天一夜　　2017年12月24-25日

静岡～クリスマストーマス列車（しずおか～クリスマストーマスれっしゃ）（聖誕節彩妝的湯瑪士列車、載著聖誕禮物）

大井川鉄道　新金谷駅～千頭駅

景點介紹

世界遺産・日本新三景～三保松原・富士山（せかいいさん・にほんしんさんけい～みほのまつばら・ふじさん）　清水駅からバス三保松原行き（從清水站搭乘往三保松原巴士）

2017年12月24日 冬晴

　　這旅程的動力是我們抽中「大井川鐵道～湯瑪士小火車聖誕節」特別座位，而開始規劃了2天1夜的聖誕節旅行。

　　第一天在「清水站」。首先來到賞富士山最有名的「三保松原」，此為日本新三景（大沼、三保松原、耶馬溪）之一。三保松原最著名的畫是由歌川廣重繪製的富士三十六景〈駿河三保之松原〉。

▲三保松原，照片後頭為有名的富士山

▲此海為駿河灣，風勢雖強大，但太陽高掛著很溫暖

日本有名的諺語：初夢（はつゆめ指的是新年的第一個夢）夢見「一富士二鷹三茄子」便是好的象徵，這諺語是出自於德川家康對於靜岡駿府的喜愛所言的，這裡的「一富士」是指從三保松原眺望富士山美景。

　　抵達三保松原要先經過一段「神之道」，都是由松樹組成的步道，綠意盎然完全看不出來是寒冷冬天的樣子，然後走出松原變看見駿河灣的海景，面向海一路前進，往左手邊一看就是那美麗偉大的富士山。這裡的沙岸是黑色的，是從「有度山」年年經過海水侵蝕而形成這片廣大的「三保松原」。

　　今天日本新春特別節目《プラタモリ》正在介紹富士山・三保松原，我看得很認真也特別有感覺，於是把學到的知識馬上寫在這篇旅記，希望您能有機會來欣賞這日本新三景。兒子遇見陌生人時，也會跟他們說看過富士山的故事。

這2天1夜行程是：

Day1：東京新幹線光號(ひかり号)→靜岡站Hotel check in→清水站→三保松原→櫻桃小丸子樂園(ちびまる子ちゃんランド)→靜岡站Hotel

Day2：靜岡站→搭乘從金谷站出發「大井川鐵道～湯瑪士列車」→抵達千頭站參與「湯瑪士祭典」→東京站

　　供大家參考，我的行程真的是帶小孩子出遊排的，景點不多但深入遊玩體驗，回味無窮。

素敵（すてき）なクリスマスイブ　ちびまる子ちゃんランド
（美好的平安夜～櫻桃小丸子樂園）　清水駅

2017年12月24日　冬　晴

　　這趟旅程特別第一天選擇清水站，就是為了見我心目中的人氣偶像——櫻桃小丸子，這是自1986年開始連載漫畫「りぼん」，並在1990年1月7日開始電視播放。

　　櫻桃小丸子樂園真的很細緻，介紹家族成員的基本檔案，從媽媽的廚房、在客廳想吃好料的爸爸、爺爺奶奶的房間、到與姊姊一起共用的房間，簡單的景立刻塑造出大家的鮮明個性。然後進入教室後，

▲小玉、小丸子、兒子三人行

有種懷念的感覺，可以畫黑板，也可以在那裡解小丸子問答集、畫畫等等，非常有上課的感覺。之後展示一連串作者細膩的畫工，從小小櫥窗可以發現小丸子故事的祕密很好玩。在出口處還有櫻桃小丸子神社，有御守、繪馬、抽籤，真的可以拜拜祈求許願。

樂園是屬於「S-PULSE DREAM PLAZA」百貨公司裡，可以順便享用晚餐及小小購物，外面則是「清水港」，平安夜裡可以欣賞清水港的聖誕夜景，真的很浪漫又開心，兒子也玩到不亦樂乎，不想回飯店。

這裡有個「升降起重機」，建立於昭和3年，是使用當時最新科技建造的，用於搬運木材及石炭，於昭和46年停用，現在為登錄有形文化財。夜晚欣賞港景及起重機，還有摩天輪、美麗的聖誕燈飾及孩子的嬉鬧聲，渡過了美好的平安夜。這裡也可以搭著摩天輪欣賞富士山、清水港及駿河灣的美景。

其實從靜岡站到清水站到處都有小丸子。記得從小時候第一次接觸小丸子就是看著阿姨帶來的錄影帶，播放小丸子領獎又想上廁所的那一話，之後家裡在我小學4年級時，有了第四台之後，小丸子變成我飯後的娛樂節目。其實想花多一點時間尋找小丸子生活城鎮的足跡，有機會還會再來拜訪。

清水如同小丸子說的一樣，是個可以引以為傲的城鎮，欣賞著名的「三保松原」，可眺望富士山、清水次朗長、靜岡之茶、清水港等，也是小丸子迷的您，有機會要來這裡拜訪。

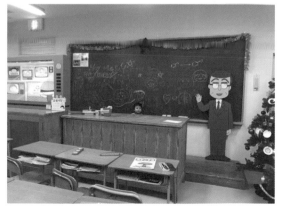

▲懷念的教室，兒子上課囉

クリスマストーマス列車　ジェームス号（湯瑪士蒸汽小火車～搭乘聖誕節特別版詹姆士5號列車）　大井川鉄道～新金谷駅～千頭駅

2017年12月25日 冬 晴

　　大井川鐵道於大正14年3月，為了森林資源運輸及電源開發創立的，後期慢慢進階為觀光使用。在平成26年，為了鐵道的營運維持，創造出亞洲第一台「湯瑪士列車（きかんしゃトーマス）」。日本非常重視蒸汽火車的技術開發傳承，湯瑪士列車正是高技術的證明。

　　我們是搭乘「詹姆士3號車 15.16座位 10:00出發」，新金谷站出

▲湯瑪士祭典上各個小火車的展示

▲聖誕節氣氛濃厚

發、抵達千頭站。一早睡眼惺忪從靜岡站出發，抵達金谷站，再換大井川鐵道抵達「新金谷站」。然後大家會在這站買湯瑪士便當，搭上列車享用美食。一開始看到湯瑪士及詹姆士在車庫等待進場，真的非常興奮、因為是真真實實的湯瑪士列車，我們的詹姆士列車在車站準備啟程，我們也趕緊上車前與詹姆士一起照相留念，還遇到以前見過的車掌，給兒子戴車掌帽拍照紀念。

　　進入車廂，是和室座位，一排桌子，大家面對面，車上的廣播是詹姆士的聲音，大小朋友都聽了好興奮，我們是真的活在湯瑪士小火車故事的世界裡。沿路美景，搭配車掌的口琴聲（2017年3月21日搭乘SL時、也是這位車掌吹口琴），兒子非常捧場拍手。接著還有聖誕老公公發禮物，小孩都超開心的。

▲嗨！詹姆士列車

100

抵達「千頭站」有「湯瑪士祭典」，讓沒坐到小火車的也可以參加。可愛的Percy、日本代表Hero、紅通通的James、人氣主角Tomas、還有巴士Bertie、愛搗蛋貨車等等，現場還可乘坐迷你湯瑪士、腳踏車等遊戲，很熱鬧又有趣。

天氣非常溫暖又晴朗，聖誕節乘坐詹姆士列車，真的是我們母子倆最好的聖誕節禮物。

非常疲憊的我們搭乘快速電車下山、然後轉到靜岡站坐新幹線回家了。其實也可以一天來回，但考慮自己與兒子體力，我們是非常需要充分休息的人，才可以有動力，於是選擇在靜岡過夜。6月開始也有湯瑪士列車運行，來日本的時候也可以體驗看看喲！附上網站：http://oigawa-railway.co.jp/thomas 。

▲在詹姆士車廂內的母子倆

▲兒子搭乘迷你湯瑪士號，笑得很燦爛

參、
我的故鄉「川越」特集
（私のふるさと「川越」特集）

川越站、本川越站

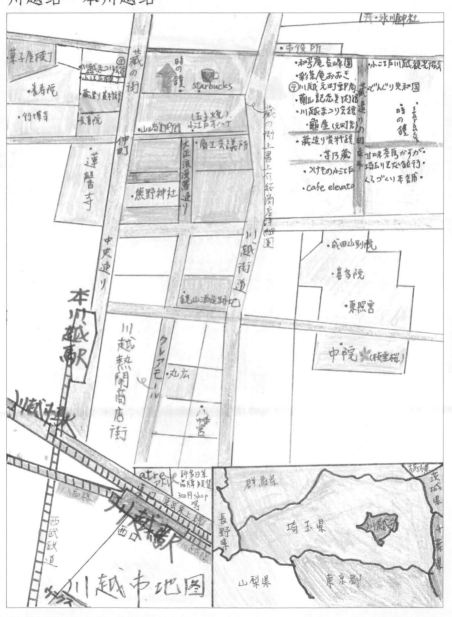

▲身為川越居民的我們～記錄每一刻

　　川越是我第一次到日本東京遊玩時住宿的地方，有一位非常親切的日本乾爹很照顧我和弟弟，借住在他川越的高級「一軒屋」裡面，之後大學畢業在E銀行工作半年後，決定要到日本留學，所以乾爹也特地留了一間房間讓我住了下來，直到自己工作後自己租屋，結婚生孩子也都是在川越，在川越一待就是10年，所以對這個城鎮非常的有感覺。

從大學時代川越舊車站、周邊百貨及老舊的東武超市，到近年來車站大翻新，百貨及超市也變得很高級，川越市長還特別興建了一個新的大型音樂廳供市民享受藝術，最有名的「藏之街」也因為市長及市民努力推廣，觀光客一年比一年增加，外國人越來越多，每到假日成了人山人海的著名觀光景點。接下來從有名的「藏之街」、「時之鐘」、「冰川神社」等，及著名慶典還有賞櫻好地方，還有個人推薦的商店一一介紹給大家。

先介紹幾個行程給大家參考：
1. 從新宿搭乘西武本川越線抵達本川越站→至藏之街換穿和服→川越冰川神社→藏之街、時之鐘、川越祭典會館→蓮馨寺、熊野神社→川越Crea mall商店街→本川越站搭回新宿站或川越站搭回池袋站
2. 從池袋搭乘東武東上線抵達川越站→買一日巴士券日幣500元→喜多院、仙波東照宮、中院→本丸御殿站→川越冰川神社→藏之街、時之鐘→本川越站→川越Crea mall商店街→川越站搭回池袋站
3. 櫻花祭行程：川越站或本川越站出發→川越冰川神社後面的「新河岸川的櫻花道」→藏之街、時之鐘→中院欣賞枝垂櫻→喜多院櫻花祭→川越Crea mall商店街→本川越站搭回新宿站或川越站搭回池袋站

景點介紹

川越蔵の街、時の鐘（スタバ）、川越まつり会館
（かわごえくらのまち、ときのかね（スタバ）、かわごえまつりかいかん）

2017年7月6日 夏 晴

　　川越藏之街是明治時期留下的江戶街道、建築物以黑色的屋瓦及牆壁、主要是防止火災蔓延的設計。在大正12年（西元1923年）由於關東大地震及戰後的關係、東京都內的江戶時期建築幾乎全被燒毀、於是川越藏之街被視為江戶時期的建築文化歷史。以「時之鐘」開始周邊的「一番街」被選為傳統的建築物群保存地區、其中「埼玉りそな銀行」是大正7年（西元1918年）建造的。所以川越才擁有「小江戶」之稱。這裡的商店都很早關店，大約7點就幾乎關閉休息。

　　「時之鐘」是於400年前建造的，中間歷經幾次火災，但對於當時商人來說，報時是很重要的，所以一直積極重建。現在有3層樓、高16公尺。那「鐘響」於平成8年（西元1996年）被選為「日本的音風景100選」，一日響四次，分別是午前6時、正午、午後3時、午後6時，大家可以聆聽那悅耳的鐘聲，感受歷史的痕跡。

▲下課後，晃晃老街吃冰淇淋，休息片刻

▲藏之街有名的「黑瓦」建築物

▲時之鐘，旁邊有新開「星巴克」

　　2018年3月19日，時之鐘旁邊新開了一家星巴克，內部裝潢是和風的感覺，且室內寬廣而舒適，還有室外庭院，可以邊欣賞日式庭園之美，邊享受星巴克咖啡，大家可以在那兒休息片刻，體驗現代及江戶氣氛的時空交錯感。

　　記得10年前來過川越祭典會館，現在裡面的展示跟10年前不一樣，變得超有規格及美麗。一進去就可以看見兩台祭典轎車，真的非常細膩而精緻，不管是顏色、雕刻及裝飾，可以感受到神聖莊嚴的敬意、奢華裝飾。令我敬佩的是，館內參觀的動線，是以斜坡無障礙設計，讓行動不便及推娃娃車的顧客可以方便參觀，讓我可以輕鬆又自在地好好欣賞。

▲川越祭典的神轎很華麗

川越藏之街（一番街）經典美食

因為我是當地居民，介紹幾個我個人喜愛的甜點及美食給大家！有幾家是川越老店，一定要品嚐，有幾家是我個人喜愛。

先介紹老店：

1.亀屋

以前我母親時常帶我散步之後，會去龜屋坐著喝茶，吃那有名的「龜銅鑼燒」，真的是非常好吃，有很多口味，我最愛芝麻，不會很甜，當個小甜點補充體力，繼續在老街觀光散步。這裡充滿我與媽咪的滿滿回憶，也是我喜愛的店家之一。

2.くらづくり本舖

這是川越分店最多的甜點店，也是當地著名的甜點。裡面有各式各樣的日本傳統點心任你挑選，而這家是本店，來到這裡不知道帶什麼伴手禮時，來這裡買就對了。

3.玉子焼～小江戸オハナ

玉子燒這家最好吃，地點就在大正浪漫街口。假如剛好沒吃中餐，可以來一份玉子燒或是親子丼，品嚐那濃郁的雞蛋香味。

4.芋乃蔵

我最愛這家店的「甜味噌丸子（みたらし団子）」，因為我從來沒吃過冰的甜味噌丸子可以那麼Q又好吃，因為通常丸子幾乎是常溫，裡面包著是川越名產地瓜餡，搭配日本傳統味噌及甜甜滋味，超好吃，尤其在炎熱夏天買一支，

▲甜味噌丸子，冰冰涼涼，本人及兒子的最愛

不僅補充體力還滿足甜點胃袋！不管冬天夏天、我只要經過這裡必買，兒子也愛吃！

5.茶味

它的抹茶是來自於埼玉縣狹山縣的茶，抹茶冰淇淋超級好吃，感覺不會發胖又醇香，不知道吃哪種冰淇淋時，可以來份抹茶冰淇淋！

6.川越元町郵局

擁有黑色郵箱的郵局，不妨寄張明信片，感受老郵局的歷史遺跡及氣氛，還有販賣川越限定郵票嘞！

最後附上日本兒童節鯉魚旗裝飾的川越街景。川越一年四季不一樣的景色、隨時歡迎您來拜訪。

▲每年到了四月，除了櫻花季之外，兒童節的鯉魚旗裝飾更是不能錯過。川越「大正浪漫街」上的鯉魚旗。

川越氷川神社「縁むすび風鈴」
（かわごえひかわじんじゃ「えんむすびふうりん」）

2018年7月15日 夏 晴

　　每年夏季的川越冰川神社都會舉辦「結緣風鈴」。從7月7日～9月、早上9:00～21:00，裝飾2000個以上江戶風鈴，並綁上七夕許願籤祈福。

▲每年必訪的「風鈴季」，照片從2016年到2018年

▲3歲兒子進行「七五三祈福儀式」　▲3歲兒子穿上正式和服，很正氣凜然

　　川越冰川神社創建於欽明天皇2年（541年），是川越歷代藩主崇敬的神社，主要祭祀「素盞鳴尊（すさのおのみこと）」。自古以來傳言：「境內の玉砂利を持ち帰り、たいせつにすると良縁に恵まれる。」（中譯：神社境內的玉砂利帶回家、珍惜收藏後、會賜予良緣。）由巫女把本殿前白色玉砂利用麻網包起來，於每早8點贈20包給民眾祈求良緣。主要祭拜素盞鳴尊、奇稻田姬命、大己貴命、脚摩乳命、手摩乳命，祈求「結緣」、「安產」、舉辦「神前結婚」等。

　　兒子的「七五三」也是來這裡作祈求儀式的，附上兒子3歲的七五三紀念照。

▲2018年，阿嬤第一次參拜風鈴季

參、我的故鄉「川越」特集

新河岸川の桜並木（しんがしがわのさくらなみき）（位於川越冰川神社的後面）

2019年3月30日 春曇

　　今天穿著隨性母子裝，下午帶著兒子坐著巴士來到川越冰川神社，欣賞神社後面的「新河岸川的櫻花道」，整排滿滿500公尺的櫻花，現在是8分開，2018年4月來到這裡是已經是櫻花翩翩飛舞落下，所以這次把握盛開時間來欣賞。果然整排的櫻花樹真的美不勝收、一旁也有人在櫻花樹下舉辦盛宴。

　　本來要搭乘浮舟，但錯過最末班有點可惜，之後到冰川神社參拜，還遇見一場幸福的日式神社婚禮，傳統和服的婚紗及儀式讓大家感到莊嚴隆重，我們也分享了許多幸福快樂。

　　下面是新河岸的櫻花簡介：每到4月上旬櫻花盛開為「ソメイヨシノ（染井吉野櫻）」，這排櫻花樹是昭和32年川越的和菓子店「龜屋榮泉」老闆，紀念戰沒者慰靈祭贈300顆櫻花樹的樹苗，所以這裡櫻花別名為「誉桜（ほまれざくら）」，來到川越觀光，這裡的櫻花樹不可錯過。晚上有點燈，也可以欣賞夜櫻的美麗。

▲以母子裝欣賞櫻花盛開的新河岸川

蓮馨寺（れんけいじ）

<u>2019年4月11日 春 晴</u>

　　川越「蓮馨寺」在每個月的8號舉行「緣日」，這是寺廟所祭拜的「吞龍上人（どんりゅうしょうにん）」的緣日。吞龍上人是江戶時代前期的淨土宗僧侶，在亂世的時候有許多被丟棄的孩子或貧窮的人，吞龍上人蓋了寺廟把他們收為弟子養育，於是被稱為「養育孩子之神（子育て吞龍）」。

　　而這裡祭祀的「おぴんずる（賓度羅）」是16羅漢的第一尊人，可保佑健康、病治癒及安產。據說這裡安產非常靈驗，許多人都是來這裡求養育子女順調及平安生產。此外有供奉七福神之一「福祿壽（ふくろくじゅ）」，這是保佑幸福的神明。

　　這裡離西武鐵道本川越站很近，有想生小孩或祈求平安健康幸福，都可以來這裡參拜！

▲櫻花盛開的蓮馨寺

熊野神社（くまのじんじゃ）

2017年7月6日　夏　晴

　　川越的熊野神社是開運結緣為主的神社，天正18年（西元1590年）為蓮馨寺的「二世然譽文應僧正（二世然誉文応僧正にせねんよぶんおうそうじょう）」受到紀州熊野勸請開始的，川越居民稱為「熊神（おくまんさま）」。

　　神社的社紋為「八咫烏（八咫烏やたがらす）」。八咫烏為太陽的化身，腳3隻，身長八咫，在由夜轉明時會啼叫，是召喚太陽的鳥。以前神武天皇在熊野林中迷路時，由八咫烏指引到大和的疆原，從此之後成為被信仰的對象。日本足球協會也是用八咫烏的標誌，當作信仰天皇的精神。

　　這裡有「錢洗弁財天（錢洗い弁財天ぜにあらいべんざいてん）」，把錢放在「寶池（宝池ほうち）」洗一洗可增加財運，剛好到訪那天有七夕許願及夏越大祓，整個神社很漂亮，有機會來到川越可以來這裡祈求好緣、財運亨通。

▲熊野神社正門前有健康步道

川越大師喜多院「徳川家光公　誕生の間」
（かわごえだいしきたいん「とくがわいえみつこう　たんじょうのま」）

2017年9月19日 秋 晴

　　喜多院起源於天長7年（西元830年），由慈覺大師創建，主要供奉本尊阿彌陀如來。在慶長4年（西元1599年）天海僧正繼位，慶長16年（西元1611年）德川家康來川越拜訪，非常重用天海僧正，並增建喜多院。但於寬永15年（西元1638年）川越大火，整個喜多院多半燒盡，德川家光公把「客殿、書院、庫裏」江戶城紅葉山的別殿轉移給天海，重視喜多院再建。其中「客殿」是德川家光的誕生之地、稱為「德川家光公　誕生の間」。所以川越擁有德川將軍的庇佑及守護，可說是重要的文化財。

▲嬤孫一起參拜喜多院合照

　　喜多院是我媽咪在我留學時，時常來參拜的地方，是非常神聖及漂亮的寺廟，每年秋季都有「菊花祭」，這裡的秋季楓葉及銀杏樹非常漂亮，櫻花季時是賞櫻的好地點。以前與媽咪參拜，現在與兒子一起參拜，時光匆匆，但每刻的生命都是如此精彩。這裡有五百羅漢可以參觀，川越喜多院的四季風景等著您來欣賞。

▲2019年櫻花盛開的喜多院

川越中院（かわごえなかいん）

2018年3月22日 春 晴

　　小江戸川越で「しだれ桜と言えば中院」、「中院と言えばしだれ桜」と言われるように、春の風物詩として中院の桜は多くの方々に愛されています。（中譯：在小江戶川越說到枝垂櫻就是中院，說到中院就是枝垂櫻，中院的櫻花為許多詩人的最愛，成為春天作詩的題材）

　　　　　　　　——引用中院的網站 https://www.nakain.com/season.html

　　川越中院為天台宗寺院，山號為「星野山」，天長7年（830年）由慈覺大師創建。川越中院最有名的櫻花就是「枝垂櫻」，依照季節在院內種植許多不同種類的櫻花樹，「枝垂櫻」「寒緋櫻」「江戶彼岸櫻」「白木蓮」讓院內有著不同粉嫩的風景。梅雨季有繡球花的點綴，夏季是一片綠意盎然，秋季時充滿紅葉浪漫氣息，冬季有時雪花紛飛，呈現白皚皚的銀世界。

▲2018年賞櫻，兒子第一次替媽媽拍照

▲2018年賞櫻之後，兒子正式進入日本幼稚園就讀

川越八幡宮「夏越大祓」（かわごえはちまんぐう「なつごし おおはらえ」）

2017年5月4日 春 晴

　　夏季有許多神社慶典，我很常去「川越八幡宮」，因為離家裡很近。

　　「川越八幡宮」是建造有千年以上的神社，供奉八幡神明守護川越這個城鎮。這裡每年四季都有許多行事，現在剛好碰上「夏越大祓」，就是跨過茅輪（茅の輪、ちのわ），把迎接夏季前的厄運等等驅除，有開運守護的作用！

　　八幡神社以「必勝」為著名，有關考試升官、事業成功等都可以請求，另外這裡有結緣夫婦銀杏樹，要求好姻緣的也可以來這裡增加自己的正桃花！

　　這裡的繡球花也開得非常圓潤而美麗，我每年都一定會來看看，在2017年5月3日好姊妹的生日之際，一起穿著美美的浴衣帶著小小兒子前來八幡神社拜拜保佑，一起享受著穿和服在川越散步，然後還去了川越當地的丸廣百貨頂樓，一起玩昭和時期的遊具別有一番風味。

▲第一次穿浴衣與兒子姊妹在八幡宮參拜

▲2019年八幡宮內枝主櫻盛開

川越百万灯夏祭り（かわごえひゃくまんとうなつまつり）

<u>2017年7月30日 夏 曇り 暑い</u>

　　川越百萬燈夏祭典是每年7月的最後一個星期六、日的夏季祭典，是為了紀念1850年去世的川越藩主、松平齊典的遺德所舉行。

　　這是母子倆第一次參加，真的很熱鬧，川越藏之街（一番街）也變成人行步道自由走來走去，祭典的表演真的非常精湛，到處掛滿五顏六色的燈籠慶祝。我們吃了團子及地瓜冰淇淋！兒子也第一次玩了釣水球，也看了許多表演，很充實地過完了一個下午！明年也會舉辦，有興趣的您也一起來參加夏日祭典吧！

▲小小兒子第一次獲得水球

川越祭り（かわごえまつり）「ソ、レ、ソ、レ」一年一度的大祭典

2017年10月14日 秋夜 晴

　　「川越祭典」就是以呈現江戶「天下祭」聞名，共有29台山車，早上為山車表演，日文稱為「曳行、えいこう」，晚上則是熱鬧的山車提燈及居囃子表演，日文稱為「曳っかわせ、ひっかわせ」。加上日本傳統的祭典小吃，真的是人山人海，非常歡樂及盛大。

　　「川越祭典」就是「冰川神社祭典」，每年的10月14、15日，川越冰川神社都會舉行「例大祭」及「神幸祭」。平成9年（西元1997年）才把每年的10月的第三個週末訂為盛大的「川越祭典」，西元2005年，「川越冰川祭之山車行事」被指定為「重要無形民俗文化財」。

　　由於就是當地居民，本人則隨性打扮與兒子出門參加這場盛事。兒子每次必玩撈水球遊戲，但不太敢玩撈金魚，現場還有許多套圈圈、賣面具、抽抽樂等遊戲，小孩玩得開心，大人也吃得開心。看到山車行走，兒子也學會說「ソ、レ、ソ、レ」，也想進去一起走。這晚的晃夜市真歡樂，也是我與兒子第一次參與川越祭典的夜晚。

▲川越祭典越晚越熱鬧

富士見町納涼祭り（ふじみちょうのうりょうまつり）（地區性小型祭典）

2017年8月5日 夏夜 晴

　　這是地區性小小祭典，每到夏季都會像小丸子的劇情一樣，舉辦地區性小小祭典慶祝夏季。這是我家附近的活動，大家跳完舞之後，開始孩子遊戲，有撈水球、套圈圈、抽獎品等等，還有免費的飲料及熱食可以享用。

　　日本一到夏季各處都會有祭典，不管是大型還小型，幾乎都是在假日舉行。不妨留意一下8月夜晚祭典活動，可以親自欣賞日本最生活化的一面，彷彿參加台灣以前中秋節晚會一樣好玩。

川越ウニクス（かわごえウニクス）

2017年8月12日 夏夜 晴

　　今天與兒子來到家附近的大型超市購物及吃Mos，這複合性商業建設是在幾年前才剛完成的，有大型表演廳、市役所辦公室、活動用的教室、兒童養育諮詢中心等等，旁邊則是書局、咖啡廳、大型電器行、補習班、醫院、美容院、超市等。在大廳裡會擺放川越市內活動訊息及埼玉縣活動、演奏會等等，是非常便利的市民服務中心，裡面還擺放埼玉縣各區的吉祥娃娃，很可愛！

▲第一次的音樂發表會

▲兒子穿著阿嬤買的吊帶褲來到這裡散步，好可愛

▲兒子剛學會走路時，第一次在外面走路的地點

　　這裡就從川越站西口走路5分鐘的地方，來到川越想看看演奏會、舞蹈表演的朋友，可以來這裡參加活動。兒子第一次在外面走路及幼稚園第一次音樂發表會就是在這裡，真的留下許多美好回憶！

川越クレアモール商店街(川越crea mall，包含丸廣百貨店，atre百貨)

　　川越クレアモール商店街是川越最熱鬧的商店街，裡面有丸廣百貨店（晚上7:00關店），頂樓有一座昭和復古的遊樂園（現在整修中）。商店街上有各式各樣餐廳、大型藥局、ZARA等，川越車站出來的atre（晚上9:00關店）裡有ユニクロ、300円商店、GU、書局、餐廳、及女孩們喜愛一些知名牌子衣服店鋪，所以我常常先至商店街後的八幡宮參拜後，帶著兒子至丸廣百貨玩一下，再慢慢從商店街一路逛回atre百貨，最後去超市買晚餐。

　　一天就這樣輕輕鬆鬆度過，也是我與兒子的日常生活。

　　以上是川越特集，上面景點及個人心得供大家參考。

▲丸廣百貨內練習走路的兒子

▲川越商店街內的廣場，常常是大家休憩的場所

肆、
LOVE新幹線小町號
雪季秋田之二天一夜
（LOVE新幹線こまち～雪の秋田旅）

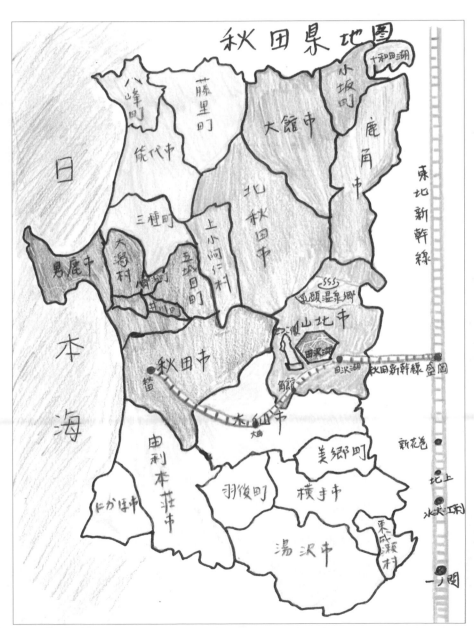

秋田県地圖

◀本人手繪「秋田市」田澤湖周邊觀光簡易地圖，詳細地圖請至當地觀光諮詢處索取。

冬季秋田兩天一夜行程

Day1：E6系新幹線小町號（こまち）（大宮站～田澤湖站）→乳頭溫
　　　泉鶴乃湯溫泉→廣場飯店山麓莊，別館四季彩（プラザホテル
　　　山麓莊・四季彩）

Day2：Hotel check out→田澤湖一周（辰子像、御座石神社）→角館武
　　　家屋敷，角館城下町→E6系新幹線小町號（角館站～大宮站）

▲終於在雪季時搭新幹線小町號來到秋田

▲兒子與亮紅色新幹線小町號　　　　▲田澤站外的積雪

2018年12月20日 冬 晴

　　E6系新幹線小町號是往秋田縣的紅色新幹線車輛，最高時速達320km/h，於1997年3月22日開始營業，起點為東京及仙台，終點為秋田。列車名字為秋田縣湯澤市小野出身的平安時代前期9世紀女歌人「小野小町（おののこまち）」，於2013年3月16日開始全面採用E6系新幹線小町號，在這之前是使用E3系新幹線小町號行駛，但E3系新幹線小町號現在還是很活躍，行駛於山形新幹線及上越新幹線，鐵道迷對於E3系新幹線小町號充滿熱情，才在鐵道迷界創作出一首〈LOVEこまち〉歌曲，兒子特愛那歌曲，母子倆嚮往著搭著在雪地奔馳的新幹線小町號，終於實現了夢想。

田沢湖・乳頭温泉郷〜秘湯鶴の湯温泉
（たざわこ・にゅうとうおんせんきょう〜ひとうつるのゆおん
せん）

交通方式：

田沢湖駅からバス停「アルパこまくさ」まで送迎バスから「鶴の湯
温泉」（田澤湖站搭乘巴士至「アルパこまくさ」、接送巴士至「鶴
乃湯溫泉」）。送迎バスは電話で予約してください（接送巴士需先
致電通知預訂）。

▲ 日本電視廣告常常出現的鶴乃湯溫泉，一片白皚皚雪景，美極了

▲母子倆很興奮，鶴乃湯溫泉入口　　　▲兒子超愛泡溫泉，這樣可以當廣告封面

2018年12月20日 冬 晴

　　乳頭溫泉鄉是秋田縣仙北市位於十和田八幡平国立公園內乳頭山麓的溫泉鄉的總稱。1967年10月19日被指定為「國民保養溫泉」。

　　「鶴乃湯溫泉」為最古老的溫泉旅館，源於江戶時代，秋田藩主佐主義隆來這裡進行「湯治」，就是利用溫泉治療身體，「本陣」是佐主義隆的警護用「茅葺屋根（かやぶきやね）」所建的，也於2010年被「登錄有形財產文化」。在1708年（寶永5年）因為被マタギ（所謂的狩獵族群）發現乳頭溫泉有療癒效果，從那時候開始「鶴乃湯溫泉」成為乳頭溫泉的替代詞。

　　「鶴乃湯溫泉」有四個湯（白湯、黑湯、中乃湯、瀧乃湯），每個溫泉有不同療癒效果及成分，其中最有名的混浴露天溫泉為白湯，又稱為「美人之湯」，含有硫磺（硫黄ナトリウム）、氯化鈣（カルシウム塩化物）、硫化水素型（炭酸水素塩泉），也是電視廣告拍攝的著名場景。

128

　　母子倆終於來到CM中的乳頭溫泉，厚厚實實的雪地堆著高高的，大家通過的本陣之間的通道、及著名的混浴露天溫泉，真的好像在夢境中，實現了帶著兒子前往雪國泡湯的夢想。混浴露天溫泉女生有專用通道、所以其實遮好是很安全的。後來又泡了「黑湯」，即使名稱為黑湯，溫泉顏色為乳白色的，也是女性專用露天溫泉。這裡真的好享受，可以慢慢欣賞雪景泡湯，跟兒子在暖呼呼溫泉裡盡情享受。

▲左上照片為「黑湯」，右上為「混浴」

▲鶴乃湯溫泉的小商店 　　　　　　　　▲第一次泡混浴的母子倆，泡完臉色紅潤

　　之後因為巴士接送為最後一班，所以享受完二池之後，就吃著道地溫泉蛋，也拍攝影片紀錄。鶴乃湯的接送巴士送至我們至「アルパこまくさ」，雪國真的冷，冷到大家都窩在暖氣的屋子裡等著巴士，接著就到溫泉旅館住宿一晚。

日本最深的湖泊　田沢湖一周～第一站「漢槎宮‧浮木神社」
「辰子像」　第二站「御座石神社」　第三站「田澤湖畔」

交通方式：田沢湖駅からバス「田沢湖一周」コース（田澤湖站下車
乘坐巴士「田澤湖一周」，約1小時。）

2018年12月21日 冬 晴

　　第二天早上展開了田澤湖一周之旅～參加了當地巴士的「田澤
湖一周」行程約1小時，會停靠3個站，第一站就是在「潟尻（かたじ
り）」欣賞辰子像跟浮木神社。

▲浮木神社

▲兒子到此一遊

▲金光閃閃辰子像

田澤湖是日本最深的湖，是日本國內第19大的湖泊，直徑為6km的圓形，最大深度為423.4m，為日本第1位（第二位為支笏湖、第三位為十和田湖），是世界上第17名深的湖泊，水色因陽光反射呈現翡翠色及深藍色的樣子，由於水深所以冬季不曾結凍。從1956年～到2005年當地的自治團體「田澤湖町」來命名，也被選定為日本百景名勝之一。

一下車看著深藍色的田澤湖，周圍白雪皚皚、金光閃閃動人的辰子像顯得特別美麗及珍貴。旁邊就是浮木神社，可祭拜辰子。田澤湖的水真的非常非常地清澈，透明到忍不住想讓人伸手去碰碰看。這裡只停留20分鐘，所以拍照及賞景有點緊湊，但美景就是怎麼拍就是美。遇到神社必參拜也成了我與兒子的習慣，祈禱旅途平安。這次帶著在田澤湖車站買的秋田犬一起拍照特別好玩，下面介紹辰子傳說及浮木神社的由來。

辰子伝説（たつこでんせつ）

　　這裡最有名的傳說就是辰子，她是田澤湖村裡最美的美人，辰子為了保持自己的青春美貌，百日向大藏觀音祈求，在某日的滿月大藏觀音對她說：「北に湧く泉の水を飲めば願いがかなうであろう（喝了位於北方的湧泉變能實現願望）。」辰子藉口要採摘山菜去尋找泉水，真的被她發現，但她越喝越渴，把整個山泉喝完了，突然發現自己變成一條龍沉入湖底。

　　辰子的母親發現辰子不見了，聽村人說在湖邊就去尋找，發現辰子竟變成一條龍而傷心過度，把木頭火把（木の尻）往水裡丟，木頭成了魚在湖裡游泳，成了現在的「國鱒」。男鹿半島的八郎太郎也是成為龍身，住在八郎潟湖。為了與戀人辰子相見，八郎潟湖水量越來越少，冬天結冰；而田澤湖因為八郎太郎帶來的水資源，使田澤湖越來越深且永不結凍。

漢槎宮・浮木神社（かんさぐう・うききじんじゃ）

　　漢槎宮又稱浮木神社，御祭神金鶴姬之命，為祭祀辰子，創建時代不明。江戶時代1769年秋田藩士俳人・益戶滄洲命名為「漢槎宮」，也被稱為「潟尻明神」。據說有大木漂浮於此，波浪一來，像是龍或大蛇在這裡游泳的樣子，只要偷鋸浮木的人就會遭受懲罰。人民因為畏懼，所以蓋浮木神社於此鎮神。

浮木神社
辰子像
田沢湖一周
2018年12月21日

▲田澤湖雖然水深，但非常清澈

御座石神社（ござのいしじんじゃ）

　　田澤湖一周第二站為「御座之石」，約10分鐘左右的行程。

　　御座石神社建於600年前室町時代，於1650年（慶安3年）的秋田藩主・佐竹義隆公來田澤湖湖畔坐在石頭上靠著腰休息時命名的。

　　御座石神社是祭祀變成辰子・龍湖姬神（たつひめのかみ），因辰子是美的守護神，可以祈求成為美貌成就、長壽百命美人。另外戀愛成就、結良緣、家內安全、交通安全、除厄運、生意興隆等也可以祈求。

▲御座石神社，面向湖畔的鳥居　　　　　　▲感謝路人替母子照相

　　面對著田澤湖建立的朱色鳥居，戰前的史料評價為「厳島神社の
よう（像嚴島神社一樣）」，則參道石段左邊的杉木約450年樹齡，被
指定為「天然紀念物」，境內有下半身為蛇像的辰子，於昭和五十六
年（1981）供奉。

　　這一站停留的很短暫，面對湖畔的鳥居真的壯觀而美麗，與白銀
世界及深藍色湖泊相映，不愧是擁有宮島的「嚴島神社」之稱。很愛
慢遊的我們，10分鐘的散步時間完全不夠，巴士直接開到神社門口前
接我們。沿著田澤湖的神社都有結緣的力量，想結良緣的朋友可以祈
求看看。

　　接著就又回到巴士至「田澤湖畔站」，那一站可以乘坐遊覽船。
由於我們接著安排至「角館駅」欣賞武家屋敷，所以坐回終點。本來
想搭乘當地列車至角館，但平日剛好那時間要隔2個小時以後才有班
次，就在田澤湖站旁的蕎麦屋さん吃著當地著名的「きりたんぽ蕎麥
麵」，等著前往角館巴士。

角館武家屋敷通り、角館城下町、角館駅（かくのだてぶけやしきどおり、かくのだてじょうかまち、かくのだてえき）　角館駅

2018年12月21日 冬晴

　　角館武家屋敷通位於仙北市，那一整條道路名稱為「市道武家屋敷通線」，為中、下級武士的侍屋敷舊建築物，以黑板屏及滿街枝垂櫻聞名，特別是櫻花季的枝垂櫻，被選為「日本櫻花名所100選」，1994年為被讀賣新聞社選定為「新・日本街路樹100景」。武家屋敷是為下級武士住的房子，也稱為侍屋敷，大名所住的屋敷稱為藩邸。

▲角館武家屋敷照片集

角館城下町於1590年（天正16年）由戶澤氏建造角館城、成為城主開始形成的，之後為秋田藩主為蘆名義勝統治，但由於河川氾濫，1620年（元和6年）古城山南側建造新的城下町。1656年（明曆2年）廢藩以後，由佐竹義隣開始統治200年間左右。這裡有名的枝垂櫻是由佐竹義隣從京都移植而來的，1974年（昭和49年）被指定為「國的天然紀念物」。現在的角館城下町維持著當年南北細長的街道，北側以城為中心，周圍為武家屋敷。

角館武家屋敷有下面幾家開放參觀。石黑家、青柳家、松本家、岩橋家、河原田家、小田野家。

我們這天先參觀了「岩橋家」，裡面的介紹人很親切，也看到當時生活很像忍者亂太郎屋子的暖爐等。之後又參觀了「青柳家」，因為是參加JTB旅行，除了贈送這裡門票外，也可以品嚐當地的點心。

▲岩橋家的屋敷

▲青柳家的屋敷一角

兒子也在這裡看到古代醫學書本內容，用手繪畫人體內部器官及當時手術等，也有武士盔甲、武士刀，還有舊式話筒、音響、時鐘等展示，武士家的庭院及房屋都有詳細介紹，是展示路線完整的「武家屋敷」。

▲在青柳家享用角館有名和菓子

　　冬天的雪景非常靜謐，靜靜享受著那時代的味道。走路回到角館站，途中也遇到當地燈飾裝飾，我們返回旅客中心休息，然後在角館站等待新幹線小町號的到來。這次從田澤湖到角館沒搭到當地電車有點可惜，但與兒子兩人在巴士上呼呼大睡，讓我們精神溢滿欣賞「武家屋敷」。

　　角館站在1976年（昭和51年）3月以武家屋敷為基礎改造。2002年（平成14年）以「小京都にふさわしく武家屋敷風の入母屋式薬医門を形どった駅（中譯：以武家屋敷風格建造的歇山式屋頂而成的車站，符合小京都古風）」選為「東北的車站百選」。

　　這次旅行短短二天一夜、慢遊田澤湖及角館風景、也是了解的秋田縣文化的一部分。有機會想趁著春季搭著當地電車欣賞櫻花盛開的樣子。

▲角館站的歇山式屋頂

プラザホテル山麓荘　別館四季彩（プラザホテルさんろくそう　べっかんしきさい）（廣場飯店山麓莊，別館四季彩）

田沢湖駅下車、羽後交通路線バスで24分（休養村センター前下車徒歩3分）送迎あり：前日まで要事前連絡。（有接送，入住前日為止要事先預約）

田沢湖駅迎え15:40、17:40　送り8:35、10：00ホテル発の定時送迎バスをご利用下さい。（田澤湖站出發時間→15：40、17：40，飯店出發時間→8：35、10：00）

2018年12月20日 冬 晴

　　這間旅館的老闆非常親切，當我們從乳頭溫泉、鶴乃湯溫泉要返回車站時，因為秋田快入夜十分寒冷，於是在要轉換去田澤湖站的巴士站「アルパこまくさ」休息中心聯繫飯店，告訴對方我們在這裡，結果飯店真的是雪中送炭到此將我們接去飯店，而且還是請本館的人來接我們。

　　「プラザホテル山麓荘 別館四季彩」是採洋風設計，很有西洋風格，有溫泉可以泡，暖氣空調是舊式大型暖氣，不知道是我們太不適應秋田的寒冷，暖氣開到最大我還是穿很厚。

▲飯店大門，兒子堅持走出溫暖室內，此時室外為零下5度

140

晚餐的料理真的棒極了，道地秋田料理及一道道經典美食，讓我飽餐一頓吃得很滿足，兒子也吃得滿意，是一間很適合給攜帶孩子住宿的旅館。飯店有接送服務，但必須事前電話預約。隔天坐著飯店巴士回到田澤湖站，開始第二天行程。

叮嚀：秋田的冬季非常寒冷，我與兒子除了雪靴（防水最佳）之外，穿法為──保暖高領內衣+非常厚的上衣+背心+保暖防風外套+帽子+圍巾+手套+保暖褲+厚外褲+厚襪子2雙，又多帶毛毯2條，您假如比我更不適應冷天氣，自備暖暖包會有很大幫助。

▲豐盛的晚餐，可享用到秋田著名的「きりたんぽ鍋」

伍、
鳥取縣山陰巡迴鐵道券親子之旅
（鳥取県山陰めぐりパス親子の旅）

▲本人手繪「鳥取縣」觀光簡易地圖，詳細地圖請至當地觀光諮詢處索取。

山陰巡迴鐵道券親子五天四夜之旅

Day1：台灣桃園機場→關西機場特急列車HARUKA（特急列車はる
か）→新大阪站Hotel check in

Day2：利用「山陰巡迴鐵道券(山陰めぐりパス)」新大阪站新幹線希
望號（新幹線のぞみ）→岡山站特急列車八雲號（特急列車や
くも）→米子站鬼太郎電車（ゲゲゲの鬼太郎電車）→境港站
水木茂大道、妖怪神社、妖怪樂園、水木茂紀念館（水木しげ
るロード，妖怪神社，ゲゲゲの妖怪楽園，水木しげる記念
館）→米子站「Hotel Harvest In Yonago」check in→Aeon買東西

Day3：米子站→安來站（足立美術館）→鳥取站「鳥取グリーンホテ
ルモーリス」check in→Aeon買東西

Day4：鳥取砂丘→鳥取站前散策→「鳥取グリーンホテルモーリス」
休息

Day5：鳥取站搭乘超級白兔號（スーパーはくと）→新大阪站「山陰
めぐりパス」結束使用→新幹線希望號（新大阪站～東京站）

遊玩山陰山陽地區鐵道票券介紹

一、擁有外國護照的可利用
「山陽」「山陰」地區7
日周遊券（官方網站：
https://www.westjr.co.jp/
global/tc/ticket/pass/sanyo_
sanin/）

二、擁有日本居留資格及永
住權的可利用「山陰め
ぐりパス」4日券（官
方網站：http://tickets.jr-
odekake.net/shohindb/view/
consumer/tokutoku/detail.ht
ml?shnId=119000630&uniqu
ekey=16d0679db6c）

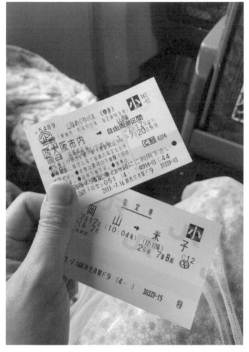

▲山陰めぐりパス

因為我是擁有居留卡的護照，所以利用「山陰めぐりパス」4日
券，僅遊鳥取縣地區，來個四天三夜之旅。

山陰めぐりパスの列車紹介～新幹線のぞみ、特急列車やくも、スーパーはくと(山陰巡迴鐵道券的列車介紹～新幹線希望號、特急列車八雲號、超級白兔號)

2019年7月17日～7月20日 夏 晴

　　行程第二日開始使用「山陰巡迴鐵道券（山陰めぐりパス）」至鳥取縣，它是限定期間的票券，發行時間為2019/6/1～2019/9/26，使用期間為2019/7/1～2019/9/30。

　　路線有規定，一為新幹線希望號（新幹線のぞみ）至岡山站搭配特急列車八雲號（特急列車やくも）；另一路線為搭超級白兔號（スーパーはくと），來回不能重複使用同一路線，搭乘車站可依自己旅程做選擇。我們是選擇去程搭乘「新幹線希望號+八雲號」，回程使用「超級白兔號」。

▲超級白兔號車頭

▲超級白兔號內寬大的窗景

「新幹線希望號」於1992年3月14日開始營運，為東海道、山陽新幹線，行駛於東京站、新大阪站、博多站之間，N700系新幹線希望號最高時速為300 km/h。

　　當初是為了對抗運費下降的飛機票，而特別設計增加比「新幹線光號（新幹線ひかり）」更快速，以2小時半行駛東京與新大阪之間的「新幹線希望號」來抗衡航空市場。「のぞみ」名稱取自「大和言葉（やまとことば）」，有希望涵義，也成為我們從東京往中部、關西地區常常使用的新幹線。

　　「特急列車八雲號」於1972年3月15日開始營運，為西日本旅客鐵道，行駛於岡山與出雲市之間，最高時速為120km/h。當初是隨著山陽新幹線的營運，為了連結中部地區所設計的特急列車，名字來自於鳥取縣的出雲（為日本的舊國名）枕詞裡的「八雲立つ（出雲）」。

▲兒子等待希望號中

　　「超級白兔號」於1994年12月3日於智頭急行智頭線開始營運，為西日本旅客鐵道，運行京都、倉吉、鳥取之間，最高時速為130km/h，車輛HOT7000系氣動車，是一台連結京阪神及鳥取線之間的優等列車。名字由來為「はくと」為日本神話的「因幡の白兎（いなばのしろうさぎ）」，其「白兎」讀音為「はくと」命名而來。

　　第二日早上，開始搭乘新幹線希望號至岡山站後，轉搭乘特急列車八雲號至米子站。新幹線希望號這系列很多人應該搭乘過，是一台可乘載多數人且班次很多的新幹線，座椅簡單舒適，清潔度也不錯。而特急列車八雲號比較老舊一點，但寬闊的窗景可欣賞沿途鄉村風景，是一台很有味道的電車。

　　最後一天的超級白兔號寫著至京都，讓我深深覺得這台列車行走距離很長，是一台扮演著重要交通樞紐的電車，我們要搭至新大阪，車內為優雅和風設計，窗景很迷人，但疲倦的我們在舒適的座椅上呼呼大睡至新大阪站下車。

▲特級列車八雲號

特急列車はるか（とっきゅうれっしゃHARUKA） 關西空港駅〜新大阪駅

2019年7月16日 夏夜 晴

　　HARUKA是由JR西日本營運在米原站、草津站、京都站、關西空港站之間的特急列車。從1994年9月4日為關西國際空港開幕之際開始營運，營業距離為167.2km，車輛為281系電車，最高時速為130km/h，關西空港到京都約80分鐘，1天班次為30次往返，與另一台特急列車「ラピート（RAPIT）」為競爭對手。

　　命名為公開招募，以空港的「空」為基礎，以及京都為「古都」，選出擁有「日本」印象的「はるか」。這是母子倆第一次搭乘HARUKA，是因為要到新大阪住一夜的關係，而且還是可愛的Hello Kitty造型。很快的就抵達了新大阪站，這天是晚上快8點半抵達關西空港，所以迅速拉行李買票就往第一夜飯店休息。

▲HARAKA的Kitty造型好吸引人

ゲゲゲの鬼太郎列車　米子駅〜境港駅（ゲゲゲのきたろう　れっしゃ　よなごえき〜さかいみなとえき）

2019年7月17日 夏 晴

　　鬼太郎列車為境線，起點為米子站，愛稱為鼠男站（ねずみ男駅），終點為境港站，愛稱為鬼太郎站（きたろう駅），路線距離為17.9km，最高時速為85km/h。鬼太郎列車車輛為40系，於1993年境港市完成了「水木茂大道（水木しげるロード）」之際所設計的電車。

▲鬼太郎列車

▲撒砂婆婆列車

目前行駛的車輛造型有6種：第五代鬼太郎列車（五代目きたろう列車）、第三代鼠男列車（三代目ねずみ男列車）、第三代貓娘列車（三代目ねこ娘列車）、第三代眼珠老爹列車（三代目目玉おやじ列車）、子泣爺爺列車(日文:こなき爺列車)、撒砂婆婆列車（日文：砂かけ婆列車），平日及星期六13往復，假日14往復。

官方網站：http://www.sakaiminato.net/…/m…/youkairesshazikokuhyou/v127/

時刻表：http://www.sakaiminato.net/…/youkairesshaz…/20160326jrsakai/

▲眼珠老爹列車

▲子泣爺爺列車

▲米子站內的鬼太郎地圖

　　我們從岡山站乘坐特急列車八雲號至米子站，一下車馬上看到第一月台的鬼太郎列車，即使行李有點重的我們，二話不說馬上坐上這台藍色的「鬼太郎列車」及綠色的「眼珠老爹列車」，一路坐到境港站，車外造型以主角鬼太郎及眼珠老爹為主，座椅為綠色的，都有鬼太郎及眼珠老爹的圖案點綴，從米子站就有鬼太郎裝飾，用一張大地圖把水木茂畫的妖怪分佈圖標示得一清二楚，然後沒多久就出發了，約45分鐘抵達境港站，把行李放在置物櫃，開始一場鬼太郎探險之旅。

　　回程時是搭乘黃色的「撒砂婆婆列車」及紫色的「子泣爺爺列車」，車內也是以故事主角為主，能搭上不同的列車造型，我跟兒子都心滿意足的回到米子站休息。

水木しげるロード，妖怪神社，ゲゲゲの妖怪楽園，水木しげる紀年館（みずきしげるロード，ようかいじんじゃ，ゲゲゲのようかいらくえん，みずきしげるきねんかん）　境港駅

2019年7月17日　夏　晴

　　水木茂大道（水木しげるロード）以漫畫家水木茂所描繪的妖怪世界觀，以代表作《ゲゲゲの鬼太郎》設計而成的觀光對應型商店街，總長800公尺，於1993年7月18日設置銅像23銅開幕。2004年（平成16年）12月，水木茂大道入選為「美しい日本の歩きたくなるみち500選」（日本最想散步的美麗街道500選）。2006年（平成18年）5月，水木茂大道周邊商店街入選為「がんばる商店街77選（頑張商店街77選）」。

　　妖怪神社是以漫畫《ゲゲゲの鬼太郎》所創建的神社，「目玉石」是以眼珠爺爺的水代表清淨身心，裡面的神體高約3公尺，在1000年的節慶裡（2000年1月1日）午前0時進行入魂式儀式，且是由水木茂親自進行入魂儀式。

▲妖怪神社「目玉石」

▲妖怪樂園「荒骷髏」

　　妖怪樂園是個複合式的樂園，有巨大的荒骷髏（がしゃどくろ）在大門迎接，還有一反木綿的溜滑梯，裡面有當地小吃，還有鬼太郎系列咖啡、商品等等，是個很適合休息的地方。

　　水木茂紀年館於2003年3月8日開館，是水木茂大道的最終站，分成鬼太郎玄關、水木茂漫畫世界、水木茂陳列、妖怪洞窟、妖怪廣場、人生繪卷的回廊、企劃展示室等，這裡也不時會有妖怪出沒至街上與大家打招呼。大家可以去了解水木茂一生的傳奇、可以了解他的世界觀，以及他如何去創造妖怪世界。

　　這天搭著鬼太郎列車一抵達境港站，從車站就有鬼太郎銅像迎接著我們，沿著水木茂大道散步，都是鬼太郎造型的椅子、水蓋等等，途中我看見港口，於是轉個灣欣賞境港港口的景緻，再轉回至水木茂大道、妖怪樂園及水木茂紀年館。館內非常有特色，還有陰暗的妖怪世界，讓兒子嚇了一大跳，也剛好遇到日本TBS電視台來採訪拍攝，不知道兒子有沒有上電視？最後漫步走回車站，途中妖怪神社的「目玉石」以水滾動，吸引著兒子目光，然後品嚐當地的名產等，乘坐鬼太郎列車回到米子站，此時已接近傍晚，休息一下至飯店附近的AEON用餐及買東西。

▲遇到撒砂婆婆

▲兒子比鬼太郎矮一些

足立美術館（あだちびじゅつかん）　安来駅（位於島根縣）

2019年7月18日 夏 雨

　　足立美術館創館於昭和45年（1970年），由館長足立全康收集大觀作品130個，館區涵蓋6個日本庭園，面積達5萬坪，全都是館長親自拜訪及搜集各地庭石及松樹，以及藉由背後自然山景借景，營造出「枯山水庭」、「白砂青松庭」、「苔庭」、「池庭」等六個庭園景，每天由專屬庭園師及美術館人員清掃維護，如同全康所說的「庭園もまた一幅の絵画である（庭園也是一幅畫）」而聞名全世界，由美國的日本庭園專門雜誌《The Journal of Japanese Gardening》所舉辦的日本庭園排行榜（Shiosai Ranking），從初回的2003年到2017年，連續16年都拿下日本第一名。

　　我認識這庭園是某日在日本電視節目的介紹，且當時背後的山景白雪皚皚一片，讓我更想造訪這有名的庭園。其實我本來不知道這座美術館是在鳥取縣的旁邊而已，因為這趟旅行目標是鬼太郎列車及鳥取砂丘，住在飯店時才知道美術館在這裡，且離米子站才一站距離，因為遇到大雨天，我們臨時更改行程（本來為松本城）來到這座足立美術館，建議大家先查清楚接駁巴士時刻表、再決定出發時間。

▲在「池庭」邊享用中餐，兒子吃得津津有味

▲足立美術館著名的「枯山水庭」景緻

　　一抵達美術館，先欣賞到古代的珠寶盒等，真的很美麗，接下來映入眼簾的是有名的「枯山水庭」，靜靜欣賞雨景的寧靜美。接著欣賞完所有庭園後，兒子難得食慾大開，我們就坐在「池庭」旁享用午餐，兒子吃得津津有味，很滿足。接著我們沿著指示把美術館看完。這天是雨天，一開始就跟飯店借雨傘，而足立美術館不管是什麼天氣都可以欣賞，因為走廊都有屋簷，不怕淋濕，是個熱愛日本庭園的人一定要來的美術館，現在也正建造新館，期許自己可以再來欣賞雪景的庭園。

　　接著返回安來站，車站擁有木頭香味及日式造型，是很有設計的車站。回到米子站之後，還傘並領行李，搭上柯南電車。本來要到柯南車站逛逛偵探迷的街道，但天候不佳、一直下雨，今天從米子站坐到鳥取站換飯店，幸運的是坐著「柯南」列車來到鳥取站，也實現半個柯南行程的願望。

▲柯南電車合照

鳥取砂丘（とっとりさきゅう）

鳥取駅からバス、「砂丘東口」下車（在鳥取站搭乘巴士至「砂丘東口」下車）

2019年7月19日　夏 曇り

　　鳥取砂丘是鳥取縣鳥取市的日本海海岸廣大的砂礫地區最代表性的海岸砂丘，為山陰海岸國立公園特別保護地區。南北長2.4公里，東西寬16km，面積廣大，最大高低差有90公尺，為日本最大可觀光的砂丘。1955年（昭和30年）為國有天然記念物，2007年（平成19年）被選定為日本地質百選，與伯耆大山為鳥取縣最代表性的地標。形成原因是來自中國山地花崗岩質的岩石經過風化，流入千代川至日本海之後，在海岸慢慢堆積而成的砂丘，且經過潮流及季風的搬運，歷經10萬年形成的砂丘。海中的砂經過潮流向海岸堆積，由季風向內陸吹而形成砂丘。

　　這天是颱風要登陸日本中國、九州等地區的前夕，前一日的大雨，這天是晴天，來欣賞砂丘這件事情，覺得根本是奇蹟，趕緊趁還沒下雨前，搭著巴士來到這裡。

▲登上砂丘頂端的兒子很棒

▲砂丘有高有低的地形，真的很特別

156

　　一抵達「砂丘東口」，一個人影也沒有，於是到了警察局詢問如何進入砂丘，在警察熱心指引之下順利抵達。越接近中午時刻，人潮有漸多趨勢（雖然應該不到30人吧！）我們不是孤單的，望著那45度斜角的砂丘，一度以為我們爬不上去，但突然也一鼓作氣登上山丘的征服感湧湧而出，於是選擇斜度低的砂丘努力向上爬，尤其是四歲兒子爬上砂丘，對兒子的毅力及勇敢冒險精神感動不已。然後站在砂丘遠望日本海，吹著颱風的強烈海風，滿足地緩慢向下移動，征服砂丘頂峰的喜悅迫不及待分享給家人。

　　之後到附近的土產店買水與土產，也買冰消暑一下，結果兒子又展開了與美麗姐姐聊天的技能，讓媽咪我可以好好休息吃冰，真心感謝那位美女。後來回到鳥取商店街吃了一家當地有名咖哩飯，並至便利商店買許多零食及飲料後，便回飯店休息。

　　這附近有一間「砂の美術館」，每年都會換主題展出。我們因為要去遊樂園就沒有前往，不過在鳥取車站也可欣賞到用砂雕刻而成的兔子、鯊魚等作品，也完成這趟旅程目標。

▲媽媽終於來到夢寐以求的鳥取砂丘

▲鳥取車站內的砂雕

Hotel Harvest In Yonago（米子駅）
Tottori Green Hotel Morris鳥取グリーンホテルモーリス（鳥取駅）

2019年7月17日～7月20日

　　第一夜是住在Hotel Harvest In Yonago，就距離米子站1分鐘距離，非常的近，走2分鐘就可以到對面的AEON，營業時間至8點。飯店房間非常寬大且舒適，雖然算是比較老舊的飯店，但整體而言乾淨且寬大、服務周到，最重要的是離車站超近，所以滿分10分的話給它8分。

　　第二夜及第三夜是住在Tottori Green Hotel Morris，離鳥取車站約5分鐘距離，館內非常乾淨，1樓有免費的咖啡跟茶包提供，還有漫畫書籍等可以借閱，另外有為女性特別設計、可借用的蒸臉器、捲髮器等等，也有男性需要的刮鬍刀等，澡堂也非常舒適，裡面的高級按摩椅讓我們非常享受。飯店就在鳥取商店街旁邊，有白貨商店，約走8分鐘也可抵達AEON，且營業時間至晚上11點。所以在這一站住了兩夜，也睡得很舒服，尤其是熱愛澡堂溫泉的我們，給這間飯店9.5顆星，非常推薦。

158

▲鳥取站的Tottori Green Hotel Morris大廳

◀鳥取商店街夜景

陸、
初次母子遠行～岡山縣、
香川縣、廣島縣
（初めて母子の遠い旅～岡山県、香川県、広島県）

▲本人手繪「岡山縣、廣島縣、香川縣」觀光簡易地圖，詳細地圖請至當地觀光諮詢處索取。

瀨戶大橋麵包超人列車、日本三大景
廣島宮島之嚴島神社～三天二夜

Day1：新幹線希望號（東京站～岡山站）→麵包超人列車南風號(アン
　　　パンマン南風号)（岡山站～琴平站）→琴平溫泉湯元八千代
　　　check in→金刀比羅宮→國營讚岐滿濃公園（国営讃岐まんのう
　　　公園）

Day2：琴平站→宇多津臨海公園（宇多津站）→瀨戶大橋麵包超人小
　　　火車（アンパンマントロッコ号）（四國宇多津站～岡山站）
　　　瀨戶大橋→三井ガーデンホテルcheck in→倉敷美觀地區→岡山
　　　車站晚餐

Day3：新幹線希望號（岡山站～廣島站）→廣島搭船→宮島嚴島神社
　　　→新幹線希望號（廣島站～東京站）

　　　這是第一次母子倆在日本國內作遠程旅遊，由於2歲多的兒子常常
看著麵包超人列車的影片奔馳，於是帶著他來到我也沒去過的岡山、
廣島、香川地區冒險。第一次的冒險，也開啟了我更有勇氣帶著兒子
到處在日本各地旅遊，甚至挑戰一些國外旅行。以下是這趟景點介
紹，及母子倆人第一次在雨天中爬了785階的階梯，兩歲兒子的體力超
乎我的想像，讓我感動不已。

四国香川県～金刀比羅宮（しこくかがわけん～ことひらぐん）　琴平駅

2017年6月25日 雨 梅雨季節

第一次一個人帶兒子挑戰爬785階樓梯。我們一大早從東京搭著新幹線一路來到岡山站，再從岡山站搭乘兒子最愛的麵包超人南風7號列車（麵包超人列車在四國一周遊P.174有詳盡介紹）。來到琴平站，除了一定要吃烏龍麵，還要爬超多階梯去金刀比羅宮參拜。

▲第一次搭上麵包超人列車的母子倆

▲琴平站，我們來了

　　金刀比羅宮位於香川縣仲多度郡琴平町的象頭山中，由來有好多個傳說，據說是由主祭神「大物主命」在象頭山行宮時留下的琴平神社開始創建的，中世紀以後與佛教的金毘羅（こんぴら）習合而成的神宮。參道入口至本宮共有785階梯，至奧殿的話共有1368階梯，每年都會舉辦「金毘羅石梯馬拉松（こんぴら石段マラソン）」。主祭神為大物主命及崇德天皇，是日本人一生都要參拜一次的神宮，祈求農漁業、航海、醫業、技術等財運及工作運為主。

　　先到飯店check in之後，我正下決心帶彥智去參拜時，老天真的在考驗我，不但下雨還時而雨勢變大，我拿著一隻雨傘，與彥智兩人一起爬，樓梯越爬越陡，怕彥智重心不穩，我幾乎都是一手抱他、一手撐傘。爬了365階抵達第一站大門，那時雨勢更大，於是在那裡等雨勢小一點再繼續前進。經過第二站時，滿身大汗，彥智也不是一直抱著，他也努力爬了好多，因為雨勢不停，決定放棄，改去神社餐廳吃

▲此時滂沱大雨，稍作休息中

個東西，準備坐計程車下山。

　　邊吃冰淇淋邊休息，體力也漸漸恢復，看雨勢有小一些，研究一下神社地圖，發現再走200多階就可以到「正殿」，於是母子倆繼續出發，路上遇到的日本小學生還對我們說：「請加油。（頑張ってください）」我繼續抱著彥智上山，終於抵達正殿，共走了785階。我想是我業障太多才會下雨考驗我的意志力。

　　要到更上層的「奧殿」還得再走600多階，實在沒辦法了，彥智也累了，我的體力無法一直抱著他往上，重點是下山時才是最可怕的，因為雨天溼滑，我超怕跌倒，也怕彥智跌倒，於是抵達正殿後就下山，只是真的很滑，而且沒有扶手，下樓梯讓我膽戰心驚。於是努力走下200多階，回到可以搭計程車的餐廳，搭乘計程車下山去，回飯店後馬上泡澡，真的是鍛鍊身心的參拜，也讓我知道，原來我可以，2歲多的兒子也第一次爬了很多樓梯、真的很厲害！

▲2歲兒子很有毅力，爬到正殿了

四国香川県～国営讃岐まんのう公園　紫陽花祭り　ライトアップ　（しこくかがわけん～こくえいさぬきまんのうこうえん　あじさいまつり　ライトアップ）　琴平駅搭乗計程車約15分鐘

2017年6月25日 夏夜 晴

　　這次香川縣之旅，特別在夜晚安排了夜賞繡球花（紫陽花）行程。

　　國營讚岐滿農公園是四國唯一的國營公園，於1998年4月18日第1期開園，2013年4月21日全面開園，園內面積350公頃，以「人間物語，充滿自然宇宙」為基本理念建設。

　　我們直接坐免費巴士抵達公園，不知道是因為隔天星期一的關係，遊客少氣氛佳，頭一次夜賞繡球花，真的很奇特。這夜賞期間是6/10～7/2，時間是到晚上9時。

　　我們只剩1小時的欣賞時間，匆匆趕去園內繡球花的地方，園內非常廣大，人少有些地方又太黑暗，感覺有點恐怖，一度與人搭訕一起走去繡球花園區。抵達繡球花園區時，看到一大片繡球花海，真的好美麗又奇特，然後走到龍頭瀑布，岩石及瀑布造景很壯觀。這趟小小的賞花行程，在彥智配合園區離別歌曲跳了一支獨創舞蹈之下，圓滿結束！

▲繡球花打燈的樣子，非常壯觀

道の駅恋人の聖地　うたづ臨海公園(みちのえきこいびとの せいち　うたづりんかいこうえん)アンパンマントロッコ4号 宇多津駅〜岡山駅　瀬戸大橋

2017年6月26日 晴れ

　　第二天的第一站先去宇多津臨海公園欣賞瀨戶大橋的美景。宇多津臨海公園於1998年4月17日正式登錄為公園，主要設施有產業資料館、咖啡餐廳、釜屋、戀人聖地、孩童遊樂區等，我們從宇多津車站先搭乘計程車來到這一處，一下車沒走多久就可以看到四國內海及瀨戶大橋的美景，終於可以好好欣賞瀨戶大橋跨海的樣子，兒子看到玩沙區便開始玩起來，之後一路慢慢走回車站，沿路欣賞這城鎮的風景，散步个同城鎮街道也是我的樂趣之一。

　　抵達車站後，就等待兒子最想搭乘的瀨戶大橋麵包超人小火車。此列車行駛於岡山及琴平之間，車體設計整體是海的藍色，及描繪瀨戶內海風景所設計的列車，一個列車是全室內的，一個列車是開放式的，最大特色就是吹著海風，欣賞著瀨戶內海的島嶼風景，以愉快享受的心情搭乘這台列車。列車全部都是指定席（對號座），所以一定要預約好位置後再搭乘，否則會沒有座位喔！

▲搭乘瀨戶大橋麵包超人小火車的紀念照

▲跨海列車的特別設計：半開放空間與地上玻璃窗

166

▲瀨戶大橋麵包超人小火車

　　身為鐵道迷兒子的媽媽，我一直想帶他來四國搭乘麵包超人列車，終於實現願望了。我們搭乘列車橫跨瀨戶大橋，電車在海面上行駛，是鐵道的無限魅力。兒子一看到列車抵達車站，整個人興奮到跳來跳去。我們一上車先到座位放好自己東西，便到戶外式車廂欣賞海景。人生第一次體驗坐著列車、吹著海風，腳下是蔚藍海面，望著那一片寬闊的海景，通過隧道時，真的是特別的感受。

　　這一趟最高跨海列車享受，兒子開心極了，瘋狂地跑著跳著，還立刻坐在麵包超人旁邊讓我照相留念。アンパンマントロッコ列車は本当に最高な列車です（瀨戶大橋麵包超人小火車真的是最棒的列車。）

岡山倉敷美観地区（おかやまくらしきびかんちく）　倉敷駅

2017年6月26日 曇り

　　最近旅遊書介紹岡山的旅遊景點時，一定會提到倉敷美觀地區，是倉敷川畔傳統的建造物保存區。從江戶時代初期的寬永19年（1642年），江戶幕府的天領把這區設為代官所，為中國南部地區物資的集散地而發展。從倉敷川畔至鶴形山南側街道一帶建築物以「海鼠壁（なまこ壁）」的牆壁為特色，以及1930年建立日本最初的西洋美術館「大原美術館」等而聞名的。

　　我是在星期一下午4點多抵達，星期一是許多商店及餐廳休館日，所以走在古色古香的街道上，特別詩情畫意，兒子也剛好睡著了，媽媽我一個人當個浪漫旅人，慢行在古街中。這裡的「大原美術館」是許多喜愛美術館的人必參訪的景點，但因為遇到休館日，只好在外面拍拍照，望著那美麗的建築物，來到岡山千萬別錯過倉敷美觀地區。因為對許多日本人來說是非常值得觀光的景點，可以挑個不是星期一的日子來看看這裡特色商店及經典餐廳。

▲美觀地區傳統時代遺留下來的建築物

達、初次母子深行、岡山縣、香川縣、廣島縣

日本三景～広島宮島　厳島神社　（にほんさんけい～ひろしまみやじま　いつくしまじんじゃ）　宮島駅

2017年6月27日 曇り 暑い

　　以媽媽旅遊履歷來看，自己本身完成了收集日本三景「京都天橋立、宮崎松島、廣島宮島」，是一件令人感動興奮的事情。廣島宮島的美景如同電視上所播出的畫面一樣，真的好令人感動。

　　首先搭乘新幹線從岡山站至廣島站，再從廣島站搭乘至JR宮島口站坐JR ferry抵達「宮島棧橋」。這是彥智第一次坐船、他非常興奮及感動，因為船程只有10分鐘，而且有室內可以吹冷氣，非常安全，所以讓彥智體驗一下坐船的感覺。

▲第一次搭船的兒子

一抵達目的地、就會看到一群小鹿，一路望著那「嚴島神社大鳥居」沿路欣賞海景外，街景也非常可愛溫馨。

　　一抵達世界知名景點「嚴島神社大鳥居」馬上拍照留念，我們參訪時間是剛好滿潮、所以看見大鳥居在海上屹立不搖，感受到神的敬意及偉大。這大鳥居與奈良的大佛一樣、高16公尺、重60噸。內部是用石頭建立起來的，所以可以抵擋海風的吹襲及穩重地聳立在海上。每天依照潮汐變化都會有不同的景緻，可以住一晚感受嚴島神社的絕景。

　　嚴島神社（いつくしまじんじゃ）創建於593年，由佐伯鞍職流傳下來。於平安時代後期的仁安3年（1168年）佐伯景弘得到資金援助下，建造迴廊式的海上社殿，包含本殿共有37棟內宮及19棟外宮，一直沿用至今。飽滿的橘紅色迴廊式建築設計、及向著一望無際的海岸是舉行神聖婚禮的好選擇，我們幸運碰上有人正在舉行日本傳統神社婚禮。與兒子祈求完之後，走回商店街買個土產，吃個冰淇淋點心等，便搭著船回到本島趕新幹線回東京了。

▲滿潮時的嚴島神社鳥居，鐵道迷兒子手拿著電車一直不放手

▲母子倆合照

170

ホテル飯店

琴平温泉湯元八千代（琴平駅）
三井ガーデンホテル（三井Garden Hotels）（岡山駅）

2017年6月25日～6月27日

　　琴平温泉湯元八千代是位於金刀比羅宮下的溫泉飯店，當時我們爬完樓梯之後，馬上回飯店泡溫泉好好休息一下，房間備有可愛的浴衣，開心泡完溫泉後，也吃了一頓日本傳統飯店的料理。飯店服務人員都很親切，飯店附近也有便利商店，是個平價又方便的傳統溫泉飯店。不過設備有些老舊，所以給4顆星。

　　第二天完全是高級路線，三井ガーデンホテル就位於岡山車站旁，環境與設備非常高級，由於太過舒適了，所以只安排一個倉敷美觀地區後，馬上回飯店享受溫泉。房內非常乾淨又寬大，飯店溫泉走明亮高級的感覺，兩人舒適地泡完湯之後，才至車站享受晚餐，回飯店後又泡了第二次溫泉，母子倆享受了美好的一晚，我給5顆星。

▲琴平溫泉湯元八千代內的晚餐

柒、
四國鐵道周遊
（四国一周鉄道）

香川縣→高知縣→愛媛縣→德島縣

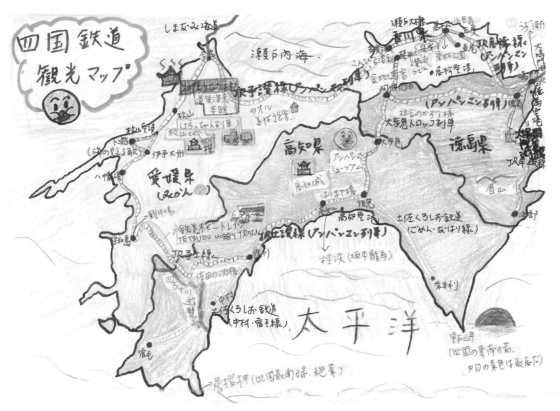

▲本人手繪「四國」觀光簡易地圖，詳細地圖請至當地觀光諮詢處索取。

172

　　這是母子倆二度拜訪四國地區，決定來一趟四國一周遊的冒險，在規劃這行程之前，我以2至3個月時間反覆研究，查詢所有列車時間，以及怎樣的行程可以讓3歲多的孩子可以輕鬆享樂的一周遊。列車幾乎以麵包超人為主，因為在2016年所搭乘的麵包超人トロッコ列車令兒子印象深刻，而且我一直很想去日本電視台每年都會介紹的德島渦潮欣賞，路線起始點為香川高松車站，終點為德島空港。

　　利用一張「四国フリーきっぷ3日券」，在JR四國線全線，包含特急列車自由席等都可以使用，除了指定席需另外加價，我這趟僅利用這張「四国フリーきっぷ3日券」，票價為日幣16,140円，全程特急列車都是自由席，順利完成這趟四國一周旅程。

四國鐵道周遊行程表

景點介紹

琴平電鉄，アンパンマン列車土讃線，「後免ごめん」駅，高知アンパンマン列車ひろば（ことひらでんてつ，アンパンマンれっしゃどさんせん，ごめんえき，こうちアンパンマンれっしゃひろば）　高松駅〜高知駅

2018年3月28日 春 晴

　　這天起個大早由羽田機場開始出發至高松機場。至高松機場後，原訂的行程就是考察一下香川縣城鎮後，就搭當地有名的「琴電」抵達高松站。

▲琴平電鐵的昭和感，好適合兒子

　　「琴電ことでん」全名為「高松琴平電氣鐵道」，為了參拜當地有名的金刀比羅宮，於1926年12月21日開業。琴電以「うみ・まち・さと・心でむすぶ」（海、町、里——用「心」連結）作為標語，是當地重要通勤的路線之一。

　　抵達高松站後，可以看見車站的笑臉建築，超級可愛的。然後我們換車至多度津站搭乘11:55的「麵包超人土讚線」至高知縣。

　　「麵包超人土讚線（アンパンマン土讚線）」於2000年10月誕生，是一台藍色的麵包超人列車，之後經過多次改裝，現在為「橘色南風號（オレンジ南風号）」及「綠色足摺號（グリーンあしずり号）」的麵包超人列車。不管是哪輛列車，在第1車廂都有麵包超人樣

▲可愛笑臉的高松車站

▲麵包超人土讚線車頭

式的座位，路線為「岡山—高知—中村」。

我們從多度津站往高知站，中途經過日本有名的「後免（ごめん）站」，「後免」的日文發音跟對不起是一樣的音。「ごめん」駅為「對不起（ごめんなさい）」，進而發展有「謝謝（ありがとう）」駅。很多人為了這好玩的諧音，還特別下車拜訪。

到了高知站後，車站2樓為2017年3月啟用的麵包超人廣場（アンパンマン列車ひろば），另有一座迷你四國場景、5台小型麵包超人列車奔馳、彩虹階梯、還有予讚線及瀨戶大橋麵包超人小火車可以拍照。這裡還有麵包超人列車的扭蛋機，造型超級特別可以當成名產送給朋友們。

▲從東京一路風塵僕僕，終於抵達高知縣

▲麵包超人廣場很可愛　　　　▲對不起車站（ごめん駅）

　　之後我們出了車站外、可遇見三大歷史偉人——武市半平太、坂本龍馬、中岡慎太郎。接著就展開高知縣內的觀光了。

桂浜，坂本龍馬（かつらはま，さかもとりょうま）
MY遊バスで桂浜行き（利用MY遊BUS搭乘往桂濱方向巴士）

　　這天是四國周遊的第一天，抵達高知站已經是下午快2點，於是趕緊到觀光information買了「My遊バス」一日券，直奔桂濱欣賞那有名的月形海灣及龍馬像。

　　匆匆忙忙趕上14:40的班次，從桂濱回高知站最後一班為17:00，所以沒開車的朋友們，一定要提早先去桂濱。

　　桂濱位於浦戶口灣上，在龍頭岬與龍王岬之間形成「弓」字形的海灣，海灘為小砂礫，海岸上充滿著松樹，自古以來為賞月的最佳地點，在土佐民謠〈よさこい節〉詠唱著：「月の名所は桂浜（賞月的名景為桂濱）」。在東端的龍頭岬上，幕末的志士坂本龍馬銅像則瞭望著這片蔚藍的太平洋；龍王岬上則有龍工宮守護著桂濱。

▲高知縣著名的桂濱海岸

　　兒子與我看見蔚藍的海水，忍不住脫下鞋子帶兒子小小地踩了一下海水，但務必一定要牽著孩子的手，也不要海裡走，海浪拍打的力量很強大，小孩一個人的話一定會被沖走的，告示牌也有寫著「請牽著孩子的手」。小小踩5分鐘，往著龍王宮方面從高處欣賞桂濱的美景，之後又到另一頭欣賞「坂本龍馬」的英姿，然後往巴士站趕最後一班車。這裡的商店鐵捲門畫著高知的風景，兒子也買了紀念品「麵包超人小包包」，他背著很開心。

　　這附近還有水族館及坂本龍馬紀念館，有充分時間的話都可以慢慢欣賞。之後坐著巴士返回高知站，準備至飯店check in。

▲桂濱商店街的鐵捲門設計很有特色

高知城，はりまや橋（こうちじょう，はりまやばし）
高知城前駅、はりまや橋駅

2018年3月28日 春夜 晴

　　第一天夜晚在飯店（位於播磨屋橋站）吃飯，休息一會兒後，兒子想要乘坐路面電車，於是用早上買的「My遊バス」去高知城。

　　先經過著名的「播磨屋橋（はりまや橋）」，這是由江戶時期豪商「播磨屋」及「櫃屋」打通兩邊商路而建造而成，長度約20公尺。後來為「よさこい節」歌詠到竹林寺僧侶「純信」，為了買髮飾給鑄掛屋女兒，名字為「お馬」，以悲情故事而有名，橋邊的櫻花與朱紅色的橋搭配還滿有意境。沿路都有麵包超人石像，兒子因為大隻麵包

▲有名的「播磨屋橋」

超人與小隻果醬叔叔搭配在一起，他的笑點全開，笑到不行。

接著抵達高知公園門口，沿著掛滿燈籠的道路，看著高知城的位置繼續向前走，望著還在高處的天守跟兒子說：「我們往上爬爬看。」於是開始慢慢往上爬，到了高知城，看到一整片櫻花，許多人在櫻花樹下享用晚餐及賞花、真熱鬧。

高知城前身為「大高坂山城」，南北朝時代建造的，現在看到的模樣是在江戶時代由土佐藩初代藩主山內一豐著工，第二代忠義時代才完成，是依照位於靜岡縣「掛川城」的設計而改造的。明治6年實施「廢城令」成了「高知公園」，西元2006年獲選「日本100名城」。

晚上的小小高知公園賞櫻行程，讓夜晚變得很有趣，隔天要起大早，於是就回飯店休息了。

▲高知城的夜櫻，美麗極了

世界で最も遅い新幹線〜「鉄道ホビートレイン」プラレール車両，四万十川景色（せかいでもっともおそいしんかんせん〜「てつどうホビートレイン」プラレールしゃりょう，しまんとがわけしき）　窪川駅〜宇和島駅

2018年3月29日 春 晴

　　這天的任務就是搭乘號稱「世界最慢的新幹線」，為了搭乘這夢幻列車，我們一大早起床，匆忙吃完早餐趕緊從高知站出發至窪川站，準備搭乘9:40班次的鐵道Hobby列車（鉄道ホビートレイン）。一抵達車站就看見心目中閃閃發亮的鐵道Hobby列車，興奮之餘趕緊上個洗手間，輕鬆無負擔出發，也感謝站員替我搬娃娃車及行李，才可以趕上。

▲兒子望著四萬十川的美景

▲停靠「江川崎站」，大家與鐵道Hobby列車及櫻花合照

▲車內的Plarail列車展示

　　「鐵道Hobby列車（鉄道ホビートレイン）」是利用32形車輛改造的，在2014年3月15日，JR予土線（窪川～宇和島）之間正式行駛，時速每小時85公里。以0型新幹線作為改造典範，最前面的座椅的確使用0型新幹線座椅，不管座椅、窗簾都有電車的圖案。此外，最大特色就是車內展示著Plarail車輛、歷代新幹線及各國代表電車。看見四國電車的Plarail，兒子也很識貨，說想要一列收集，只可惜沒在販賣了。「鐵道Hobby列車（鉄道ホビートレイン）」與「四萬十小火車（しまんトロッコ）」、「海洋堂Hobby列車（海洋堂ホビートレイン）」合稱為「予土線3兄弟」。

▲Plarail與四萬十川的景緻

▲Plarai標誌，是日本當地鐵道迷必搭乘的列車

　　沿途則是日本3大清流之一「四萬十川（四万十川しまんとがわ）」絕景，這是四國最長的河川，屬一級河川，以「日本最後の清流」聞名，原因是沒規劃水庫的關係，河水清澈乾淨，被列為「日本の秘境100選」。

　　從山間川流搭配粉嫩櫻花，最常看到的景緻是一座山頭由淺綠、深綠、粉紅色、桃花色花卉搭配而成的，這是我從來沒看過的山林景色。

　　此外，因為車上沒有洗手間，中途會停靠「江川崎站」25分鐘，讓大家休息拍照，剛好也遇見某男演員正在錄電視節目。之後還有一個車站也會停10分鐘，總搭乘時間為2個半小時左右，建議想來趟鐵道絕景的朋友們，搭車前先上洗手間，然後盡量下喝水，避免臨時沒有廁所可使用。

　　後半段就不小心睡著了，順利抵達終點「宇和島站」，完成了自己2018年的其中一個目標，也替兒子留下滿滿的回憶，真的是熱愛鐵道旅遊的孩子才可以體會這趟有趣的旅程，選在櫻花盛開季節來到四國、真的很幸福。

予讚線宇和海アンパンマン列車（よさんせんうわかいアンパン
マンれっしゃ）宇和島駅～松山駅
宇和島～闘牛（うわじま～とうぎゅう）　宇和島駅

　　從窪川站～宇和島站，搭乘著夢幻列車「鐵道Hobby列車」終於
抵達宇和島站。我們在宇和島準備換搭車宇和海麵包超人列車到松
山，中間有約40分多空檔，在車站附近散步。

　　予讚線宇和海麵包超人列車（予讚線宇和海アンパンマン列車）
行駛路線為「松山站～宇和島站」之間，車輛以咖哩麵包超人（カ
レーパンマン）黃色列車、御飯團人（おむすびまんごう）橘色列車、
菠蘿麵包超人（メロンパンマン）紫色列車為主，總共3列車。予讚線
是2001年10月1日開始第一代，兒子超級開心，由於黃色的咖哩超人是
指定席，兒子選了橘色列車搭乘。

▲宇和海麵包超人列車很可愛

在宇和島車站休息片刻，一出站可以看見大大標旗「4月1日鬥牛」，宇和島是以鬥牛聞名的城下町。鬥牛的傳說起源於鎌倉時代，農民為了使用強而有力的牛才開始的，也有一說是荷蘭人的船隻在海上漂流被漁民救起，而贈送了2頭牛，這2頭牛有時會開始互鬥而興起的。鬥牛最盛時期為大正末期至昭和初期，現在則是5年一次定期鬥牛大會，2018年已經舉行完畢，所以要再等5年才能欣賞鬥牛大賽。

接著我們抵達以橘子聞名的愛媛縣，準備搭乘兒子最愛的「少爺列車（坊っちゃん列車）」。

▲宇和島車站外的小火車

坊っちゃん列車（ぼっちゃんれっしゃ）　大街道駅～道後溫泉駅

抵達松山站之後，先提著沈重行李去CANDEO飯店check in，從房間窗外就可以欣賞到坊っちゃん列車的行駛，超興奮之餘休息一會兒，趕搭最後一班坊っちゃん列車。

少爺列車（坊っちゃん列車）從1888至1954行駛了67年，路線為松山～三津，是用石炭作為燃料的蒸汽火車，屬於非電氣化、輕便鐵道時代的伊予鐵道蒸汽火車及牽引車。

坊っちゃん列車的名字是源自從夏目漱石的小說《坊っちゃん》，主角「坊っちゃん」為了去四國松山的中學而乘坐了伊予列車，並寫到「マッチ箱のような汽車（像火柴盒的蒸汽火車）」，2001年重現坊っちゃん列車，就是呈現火柴盒的蒸汽火車一般迷你可愛。

▲少爺列車

但考量蒸汽可能會造成市區的污染，所以現在是採用柴油電動車輛，行駛路線為「古町站～道後溫泉」及「松山市站前～道後溫泉」。

　　我們從「大街道」上車，還遇上台灣觀光團，突然親切感倍增。車內很迷你，燈飾與座椅都小小的，車廂內沒有電扇，車員則賣力介紹列車。在火柴盒車廂內站著的感覺特別狹窄，懷舊的顏色及汽笛聲，讓兒子與我非常興奮又開心。到了道後溫泉，很幸運看見用人力推車連結及人力旋轉台，火車員也意識到兒子的熱情，向我們打招呼。最後停靠好終點站，就會看見有名的少爺機關鐘塔（坊っちゃんからくり時計）與道後溫泉。

▲終點站「道後溫泉」，少爺列車的展示區

188

道後溫泉本館　「坊っちゃん湯」（どうごおんせんほんかん「坊っちゃんゆ」「神隱少女」的油屋　道後溫泉駅

　　道後溫泉是日本三古湯——道後溫泉（愛媛縣）、有馬溫泉（兵庫縣）、白濱溫泉（和歌山縣）之一，屬單純溫泉，水溫約42至51度。西元596年，聖德太子曾來泡湯，在「日本書記」及「伊佐爾波神社」的社傳都有紀錄皇族來過此地。

　　當地最歷史悠久的「道後溫泉本館」，1994年被指定為重要文化財，其共有4館，分別為神の湯本館棟（1894年建立）、又新殿・霊の湯棟（1899年建立）、玄關棟（1924年建立）、南棟（1924年建立），其中又新殿是皇室專用溫泉，全面都是金箔，昭和25年（1950年）昭和天皇全國出巡有使用過。

　　夏目漱石在松山中學擔任英文老師時，剛好是本館完成的隔年、非常稱讚道後溫泉本館的建築，在小說《坊っちゃん》寫到「溫泉だけは立派なものだ（光是溫泉就是個厲害的溫泉）」，之後就常常來本館泡湯，所以本館又稱「坊っちゃん湯」。

　　宮崎駿作品《神隱少女》的油屋據說是以「道後溫泉本館」為範本畫成的。

▲泡完古湯的兒子，非常有活力

兒子與我都是熱愛泡湯一族，我們搭乘著「坊っちゃん列車」也要泡個「坊っちゃん湯」，與本館照完相，馬上買門票進去享受一下，人好多好多，但兒子還是泡得很開心。之後到商店街買個土產，搭乘路面電車回到飯店，準備吃晚餐，泡飯店的湯。

　　這CANDEO飯店離松山城很近，又舒適，而且11點check out，連續兩天的早起及遠距離車程，決定睡到10點，再去松山城賞櫻花。

松山城～花見（まつやまじょう～はなみ）　大街道駅

2018年3月30日 春 晴

　　行程第三天，母子倆睡飽馬上散步去「松山城」。

　　松山城（まつやまじょう）又稱金亀城（きんきじょう），又稱勝山城（かつやまじょう），為了與其他地區的松山城區別，特別稱為「伊予松山城(いよまつやまじょう)」。築城主為戰勝「關原之戰（關ヶ原の戦い）」的加藤嘉明，於慶長7年（1602年）開始著手建造，後來嘉明被轉封為會津藩，未完成松山城建造，之後由蒲生忠知完成「二之丸」，但在寬永7年病末。寬永12年（1635）松平定行為藩主，陸續完成其他棟建築，經過戰火、廢城令等，至今為21棟，是日本現存12天守之一，被選為「日本100名城」「美しい日本の歴史の風土100選」。

▲松山城拍照的好景點

松山城位於勝山山頂，標高132公尺，為松山市的地標。抵達松山城後，可以乘坐纜車及吊椅輕鬆上山。因為兒子年紀太小，所以我們乘坐較安全的纜車，一下車就看到人形立牌，馬上拍照玩耍，之後慢慢走向松山城，一路櫻花盛開、翩翩起舞，粉紅桃紅雪白加綠葉、加上藍天白雲，怎麼拍怎麼美。從城上俯瞰市區，一目瞭然，視野佳。與兒子賞櫻賞城又在涼亭休息乘涼，好多人在櫻花下野餐，非常悠哉，與第一天夜晚欣賞夜櫻的高知城，有截然不同的風貌。

　　之後搭纜車下山，返回飯店拿行李，接著趕到松山站搭乘兒子最愛的麵包超人列車至高松站換車。

▲沿路櫻花盛開，美極了

予讃線アンパンマン列車（よさんせんアンパンマンれっしゃ）松
山駅～高松駅
うずしお号（うずしおごう）高松駅～德島駅

　　這天的下午就是要驅車至德島，先搭上兒子最愛的彩虹麵包超人
列車。予讃線麵包超人列車（予讃線アンパンマン列車）在2001年以
2000系柴油電動車輛出場，在高松～松山、松山～宇和島之間運行，
至2014年總共有1030萬人使用。

　　2016年，列車改用8000形電車，「それいけ！アンパンマン（去
吧！麵包超人）」為設計理念，指定席以麵包超人世界觀設計座椅
等，所有麵包超人列車都是使用柴油電動車輛，只有這台8000形是使
用電車車輛。外觀白底呈現瀨戶內海的山海景色，並以五色彩虹連結
四國及本州的印象，除了1號指定列車有特別設計，2至8號自由座列車
也以彩虹為主，整體列車有一制性。

▲兒子最愛的彩虹「予讃線麵包超人列車」

我們搭乘14:23的班次，至高松已經是16:55，之後又繼續搭乘17:15うずしお号至德島，抵達德島已經是晚上將近7點。

　　渦潮號（うずしお号）為行駛岡山或高松至德島之間的特急列車，自1988年4月10日開始營運，行駛距離為74.5km（高松～德島）及146.3km（岡山～德島），列車為3000D+及5000D+。我們是搭乘2017年12月2日開始採用的新型2600系列車抵達德島，列車內非常寬廣舒適，以暗紅及黑色為基底，是一台很酷的特急列車。滿滿的下午列車搭乘時間，兒子很享受，這張「四国フリーきっぷ3日券」也在這天使用完畢。

　　最後一天行程都是搭乘德島市內巴士。麵包超人列車之旅也算大功告成，雖然因時間關係沒搭上「悠悠號麵包超人列車（ゆうゆうアンパンマンカー）」高松～德島這段，但最新的渦潮號特急列車非常舒適，也可以看見許多外國朋友跟我們一樣準備欣賞明日的德島渦潮。

▲與兒子享受四國麵包超人列車之旅，很值得珍藏

194

徳島～鳴門渦潮（とくしま～なるとうずしお）搭乗「わんだーなると」　鳴門駅からバスで「鳴門観光港」行き（從鳴門車站搭乘巴士至「鳴門觀光港」下車）

2018年3月31日 春晴

　　　德島鳴門渦潮位在德島縣鳴門市與兵庫縣南淡路市之間的鳴門海峽，在滿潮時可以形成30公尺寬的渦潮，是世界最大規模的渦潮。鳴門海峽幅度1.3km，渦潮形成原因是因為瀨戶內海與太平洋的水位差最高可以達到1.5m。一天潮汐變化，大量海水2次流入瀨戶內海，同樣的2次大量海水從瀨戶內海流出，由於狹窄的海峽及複雜的海洋地形影響，潮流速度約13-15km/h，大潮時可達到時速20km/h，為日本最快速，也是「世界三大潮流」之一。

▲搭船欣賞日本年年介紹的景點「鳴門渦潮」　▲剛好漲大潮，所以渦潮的漩渦很明顯

這次安排四國一周時，有特別查詢「潮見表」想看最大的渦潮，所以把德島安排在最後一天，剛好是大潮期間，可以大飽眼福。觀潮有兩個方式，一個坐船，一個從橋上往下看。我的心願就是要近距離觀潮，於是選擇坐船「わんだーなると」，但我們太晚抵達，1樓已是滿滿人潮，於是選擇加錢在2樓慢慢觀賞。兒子也是看得津津有味，電視節目有時會介紹鳴門渦潮，兒子都會說「くるくる回ってる海を見た（有看過轉呀轉的海）」，很有記憶！乘船之間約30分鐘，雖有點短暫，但非常精彩。

欣賞世界美景之後，因為要趕下午班機，就直接坐計程車帶兒子去有名的「大塚国際美術館」。

附上「潮見表」網址https://www.uzusio.com/tw給大家參考。

196

華麗的最後一站:大塚国際美術館（おおつかこくさいびじゅつかん） 徳島駅からバスで「大塚国際美術館」行き（從德島車站搭乘巴士至「大塚國際美術館」下車）

「大塚國際美術館」是大塚集團為了紀念創立75週年，於德島縣鳴門市所成立的陶板名畫美術館，擁有日本最大的常設展示空間（占地面積達29,412平方公尺）。

館內由大塚OHMI陶業株式會社用特殊技術，以原作品相同的尺寸，複製由6名評選委員嚴格選出的古代壁畫及世界上25個國家190餘個美術館收藏的現代繪畫等珍貴的西洋名畫，共1,000餘件。對祕藏《格爾尼卡》，以及因戰爭而散失的艾爾・葛瑞柯的祭壇畫屏風所作的復原等，也是劃時代的嘗試。為了檢驗1,000餘件作品，畢卡索的兒子以及各國美術館的館長、館員專程來日，對美術館和作品給予充分的肯定和高度的評價。（資料來源：大塚國際美術館地圖及導引解說）。

這是我們第一次參觀巨大美術館，小朋友們需要坐娃娃車、大人們才可以慢慢欣賞。以我非常資淺的美術鑑賞，帶兒子認識了《蒙娜麗莎》《最後的晚餐》《吶喊》《睡蓮》《維納斯女神》《七つのヒマワリ》《斯克蘭威尼禮拜堂》《戴珍珠耳環少女》等名作。

一進場會被那神聖的「西斯汀教堂」吸引，第一件的藝術作品讓我與兒子嘆為觀止，心中覺得來到這裡真的很值得，但美術館太大，我們短短3小時多的參觀時間實在看不完，有機會等兒子再大一點時，可以再來欣賞。本來以為兒子可能記不住或沒興趣，但他日後的反應讓我非常驚訝，他真的有記住這些名作，有天他正在吃飯時、對著我說：「これは最後の晩餐だ（這是最後的晚餐）。」

最後一天以「鳴門渦潮」「大塚國際美術館」做為華麗的結束，非常滿足，感謝上天對我們照顧，連續四天都是好天氣，差一點趕不上回程飛機，還好全部平安順利。我捨不得離開，但也讓我想有機會帶兒子享受香川「跳島」之旅。

▲大塚國際美術館「西斯汀教堂」

▲兒子模仿愛德華蒙克之名作「吶喊」

國家圖書館出版品預行編目資料

母子鐵道迷的旅行日誌　母子鉄道ファンの旅行
日記／周筱瀠著. --初版.--臺中市：白象文化，
2020.4
ISBN 978-986-358-966-2（平裝）
1.火車旅行 2.日本
731.9　　　　　　　　　　　109000449

母子鐵道迷的旅行日誌
母子鉄道ファンの旅行日記

作　　者　周筱瀠
校　　對　周筱瀠
專案主編　陳逸儒
出版編印　吳適意、林榮威、林孟侃、陳逸儒、黃麗穎
設計創意　張禮南、何佳諠
經銷推廣　李莉吟、莊博亞、劉育姍、李如玉
經紀企劃　張輝潭、洪怡欣、徐錦淳、黃姿虹
營運管理　林金郎、曾千熏
發 行 人　張輝潭
出版發行　白象文化事業有限公司
　　　　　412台中市大里區科技路1號8樓之2（台中軟體園區）
　　　　　出版專線：（04）2496-5995　　傳真：（04）2496-9901
　　　　　401台中市東區和平街228巷44號（經銷部）
　　　　　購書專線：（04）2220-8589　　傳真：（04）2220-8505
印　　刷　基盛印刷工場
初版一刷　2020年4月
定　　價　350元

白象文化　印書小舖　出版‧經銷‧宣傳‧設計
www.ElephantWhite.com.tw　PressStore出版social　自費出版的領導者　購書 白象文化生活館